人物叢書

新装版

小石元俊

こいしげんしゅん

山本四郎

日本歴史学会編集

吉川弘文館

小石元俊肖像　（吉村孝敬筆，頼春水賛）

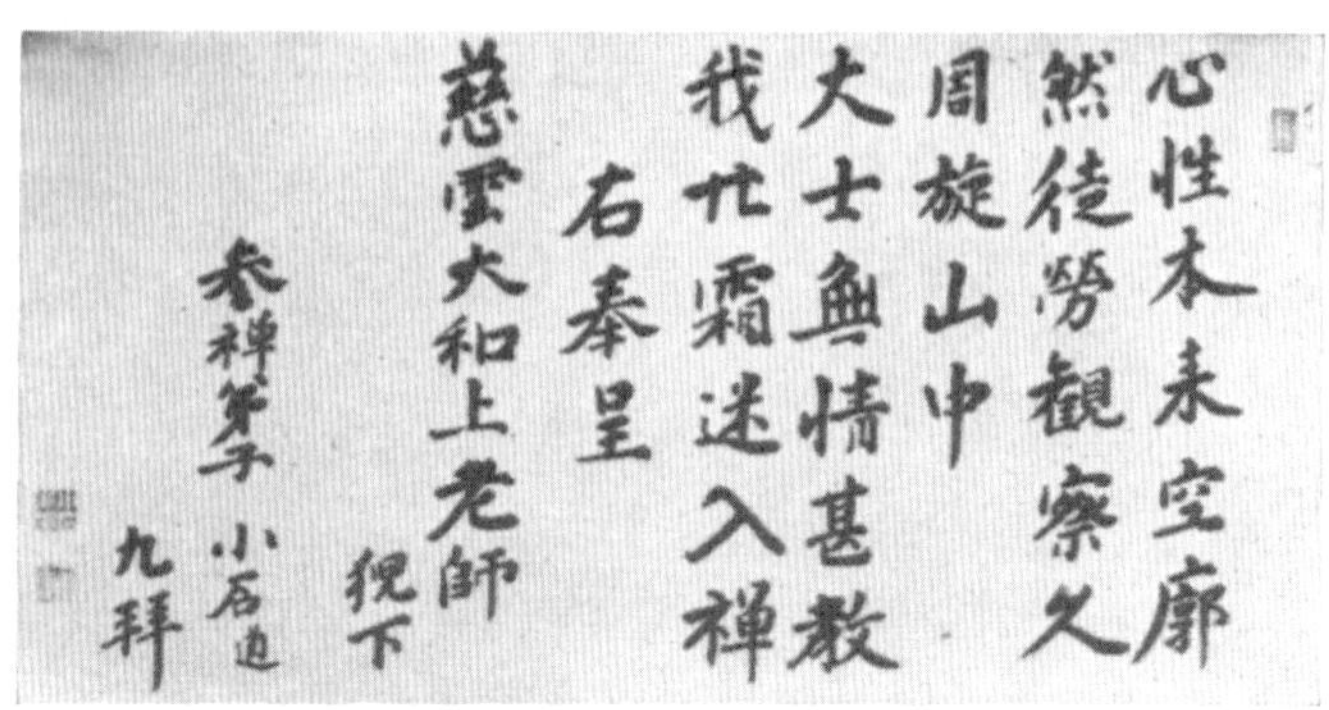
心性本来空廓
然徒労観察久
周旋山中
大士無情甚教
我忙霜迷入禅
右奉呈
慈雲大和上老師
猊下
参禅弟子　小石道
九拝

小石元俊筆蹟　（本文22, 23ページ参照）

小石元俊の墓
（京都市　大徳寺孤篷庵）

はしがき

小石元俊（げんしゅん）という名前は、あまりポピュラーではない。医学史の研究者以外では、わずかに『蘭学事始』を読まれた人のなかに、関西に蘭学を主唱した京の医師として、その名を記憶にとどめておられる方があるにすぎないのではなかろうか。このことは、とりもなおさず、わが国の歴史研究事情の反映でもあった。学者といえば、まず儒者、ついで国学者・経済学者が関心の対象であり、自然科学者にいたっては、あまり関心がもたれなかった。

思うに、江戸時代中期以降、庶民生活の向上にもっとも大きく寄与したのは〝実学〟であり、なかんずく〝新学〟と称された蘭学であった。それは多くの学者の地道な研究の集積によって、封建的な自然科学を、しだいに改変しつつあった。これらの業績の検討は、今日わが国が平和国家として再建されるについても、必要なことであろうと考える。

蘭学といえば、すぐに江戸における『解体新書』の反訳が想起される。しかし、わが国で最初に人体を解剖（〝観臓〟というほうが正しい）したのは、ほかならぬ京都の山脇東洋であり、その親試実験の学風の上に、江戸で発達した蘭学をうけつぎ、これを関西にひろめたのが元俊であった。元俊は、解剖の技倆において、匹敵するものなしといわれた。近代学術の根本精神が実証にあるとすれば、元俊はまさにその精神の体現者であった。

筆者は京都在住の関係から、近代史研究の傍ら、京都の蘭学の研究を続けてきた。いまから十五年ほど前であろうか、車中で新宮涼庭の伝記『鬼国先生言行録』を読んでいたのが機縁となって、小石家の遠戚にあたる羽倉敬尚先生（医史学会同人）の知己をえ、小石家に案内された。そこで驚いたことには、きわめてよく史料が保存されていることであった。当主小石秀夫氏（医博・大阪市大教授）は、これらの史料の閲覧を快諾され、筆者はその研究成果を『医譚』（日本医史学会関西支部機関誌）に四回にわたって分載した。しかし、なお小石家には未見の史料があり、今回はできるだけそれらを補った。

良好な史料の保存は、江戸時代の市井（しせい）の開業医のすがたを、かなり克明に示してくれた。医学知識に乏しい筆者にとって、医師としての元俊の実態を十分に示しえなかったのは残念であるが、その文化交流のすがたは、読みとっていただけるのではないかと思う。そして、これを機縁に、地方のかくれた学者の業績が発掘・紹介されるならば、筆者望外の喜びである。京大教授柴田実先生は、この機会に、元俊に関係のある学者をできるだけ紹介するよう筆者に忠告された。それは、なお不十分にしかなされていないが、代表的な学者の書翰をかなり写真版で示すこととした。元俊の子元瑞（げんずい）に関する史料は、いっそう厖大（ぼうだい）であるが、いまの筆者には力が及ばない。

今回筆者の拙ない研究が、本叢書に採録されるについては、大久保利謙（としあき）先生のなみなみならぬ御好意を得た。また、旧稿については、医博中野操先生（日本医史学会関西支部長・蘭学史料研究会関西支部顧問）から、温情にあふれる御指導と、急所をついた御叱正をえた。そのほか、前記の方々とともに、宗田一（はじめ）（吉富製薬）・宮下三郎（武田薬品）・田中助一医博らの諸氏からも、資料のうえで何かと御世話になった。記して謝意を表するしだいである。

一九六七年二月

山本四郎

付記　本研究には、文部省の科学研究費の援助が含まれている。また引用資料や写真は、特記するもののほかは小石家所蔵のものである。

目次

口絵

挿図

第一　生いたち

一　出　生

誕生

小石元俊は寛保三年（一七四三）九月十六日、山城桂村（今の京都市西京区桂）に生れた。幼名を太吉という。父は市之進・李伯、母は市之進の後妻柴原氏、名はサヨといった。先妻との間に男子が一人あったから、家譜では次男となっている。

『先考大愚先生行状』

元俊の伝記で、従来しばしば引用されるのは『先考大愚先生行状』である（以下『行状』と略記）。これは元俊の子元瑞の述べたものを門人が筆記し、頼山陽が朱で添削したもので、いまも小石家に所蔵されている。その末文に、文化六年の春の原稿に、文化十二年の冬、遺漏を補っておいたのを、いまここに重ねて編次を

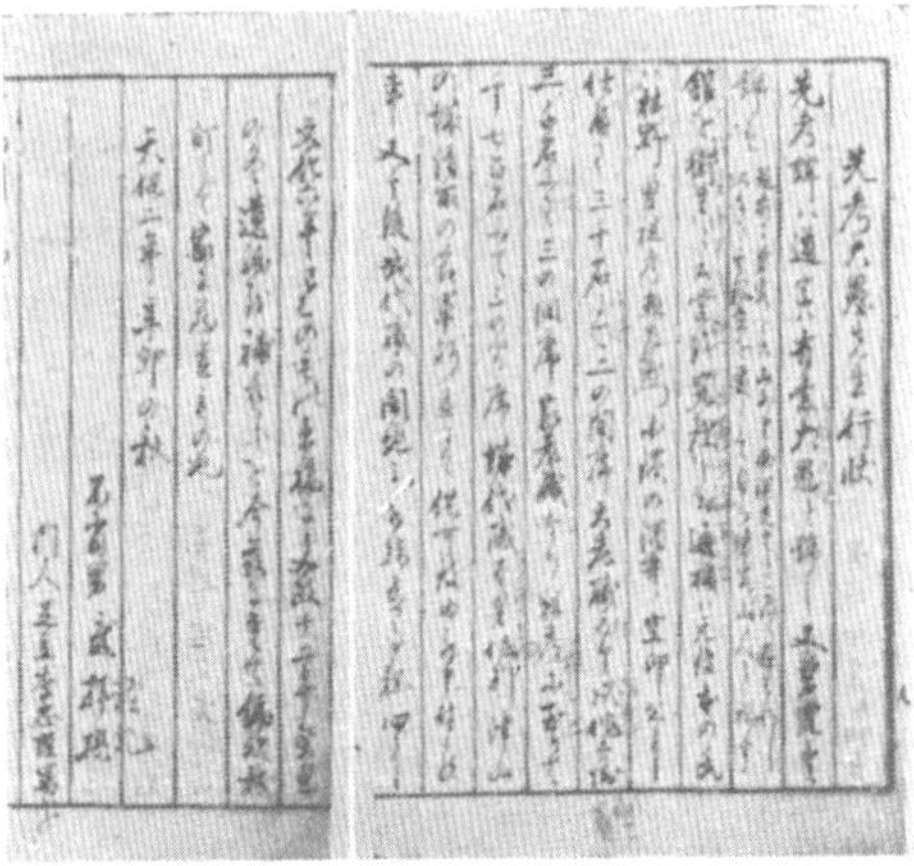

『小石大愚先生行状』

『先考大愚先生行状』巻初と巻末（朱は山陽筆）

訂して家に蔵しておくとあり、天保二年秋の年次がある。

ところが、別に元俊の友人似月次郎八（その人物は後出）が撰した『小石大愚先生行状』なる一文がある。これは内容からして文政六年以後の著で、漢文で書かれている（以下『漢文行状』と略記）。

さらに曾孫第二郎氏が集録された『小石家家譜』がある（以下『家譜』と略記。この類は、他にも多い）。これは「第二郎謹記、継書スベシ」とあり、玄孫暢太郎氏の記入にかかるところもある。参考書として「過去帳二様、中蔵結縁親類書、村田奥野親類書、林野家諡号写幷代々俗号、外捜索書類、並河(なみかわ)氏家系、小石名簿」があげられている。この『家譜』に林野(はやの)宗源なる人物があげられている。以下、右の二つから祖先のことを述べよう。

元俊は後年まで「自分はもと将種(しょうしゅ)である」と考え、それを誇りとしていた。それは祖先が酒井家の家老であったという意味である。祖先は左のとおりである。

小石家の祖は林野宗源といわれる。事蹟は不詳であるが、その子惣左衛門、名は直昌、これが若狭酒井侯の三の間大老職で三千石を領し、延宝四年（一六七六）に没した。その子作兵衛、名は直定、父のあとをつぎ、元禄四年（一六九一）没、その子市之進、名は直頼、おなじく父のあとをついで三の間席城代職、千七百石、故あって退身、宝暦十四年（一七六四）に没した。その子が元俊であり、クメ・大

『小石大愚先生行状』巻首
（似月次郎八撰）

吉（早世）の姉弟があった。

『行状』によれば、小石家はもと酒井家の家老をつとめ、市之進のとき千七百石、三の間席城代職となり、「初作州津山の城請取の節軍師並にて供可レ致由被二申付一候事、又其後城代職の閑地に被二指置一事抔心に染ぬ故にや、病気の由申立、退身して名を隠して小石李伯と改む。それより小石氏を用ゆ」とあり、流浪間に生れたのが元俊である。この城請取りのことというのは、美作の国津山の森長成が没後嗣子なく、庶弟関市正を養嗣子としたところ、発狂したので和泉守森長直に赤穂二万石が与えられ、津山へは若狭守松平直明（忠隆）と美作守水野勝種が受城使として赴いたことをさすのであって（『酒井忠隆公』—京都大学所蔵写本。『藩翰譜』とも一致）、ことは元禄十年（一六九七）であるから、市之進の没年、すなわち明和元年（一七六四）から六十七年前のことで、年代的にあわない。長直の赤穂移封は宝永三年（一七〇六）、市之進退身は『家譜』によると宝永七年八月とあるが、これも時期があわず、不明とするほかない。

父市之進

大坂の梅旧院にあった市之進の墓碑（頼山陽撰、現在大徳寺孤篷庵）に、市之進は故あって祖先のことなど口外しなかったとあり、元俊も後年同じ小浜藩の杉田玄白に祖先の調査を依頼、玄白もそのうちに知らせると返事しているが、結果はわからない。第二郎氏も松本某に調査を依頼した形跡がある。

右のように、祖先や父の前身は不明であるが、市之進について第二郎氏は『家譜』に左のごとく記録している。確証があったとは考え難い。「宝永七年八月賜暇退身、後(ち)名ヲ伴右衛門ト改メ、後(ち)姓ヲ変ジテ小石李伯ト云。小石家ノ氏祖ナリ。明和元年正月十六日歿。享年六十才余ナルベシ」。また先妻は俗名・出自(しゅつじ)不詳で、上州前橋の成瀬家か若州守留(もりどめ)加左衛門か、おそらく前者の女であろう。市之進退身後一時守留家がこれを預り、のち小石家に帰り、その後踪跡(そうせき)を詳(つまびら)かにせず、前橋に没したらしい。その子惣二郎は母とともに守留家に寄身、正徳五年前橋で没したらしいという。市之進が千七百石から浪人の身になったということが事実ならば、よほどの異変があったか、精神的な苦痛があったかであろうし、前半生や祖先のことを語らなかったことに、なにかわけがあるのかも知れない。市之進は小石李伯と変名、のち大坂京橋千秋橋辺に移り、昔手なれた石州流の茶事または香・和歌・連歌などを人に教え、また、かねて心得のあった医療などで日をすごした。このような苦難のなかに、「自分は将種である」という自覚をもって、元俊の少年時代の生活がはじまる。

二　少年時代

『行状』では、元俊は幼時より英才あり、また孝心厚く、衆児とともに遊ばず、上は天文、下は地理、中は万物生育の理に疑問をいだき、夕暮ごとに課業が終ってのちは、簷(のき)の下に立って、つらつら天象(てんしょう)をみて深く思いをこらしたと述べ(松尾耕三『近世名医伝』、角田九華『近世叢語』もほとんど同様の記述で、出所は『行状』)、思索型の少年であったように伝えている。この記述からは、後年の豪放さはうかがうことができない。

医学に志す

元俊が医学に志した動機は、父が「今の世に人を済(すく)ふと云事は医事の外に有べからず」と考えたからであるという。医師は〝国手(こくしゅ)〟ともいう。人を救うことによって国を医するの意味である。この精神は元俊の一生を貫いている。と同時に、封建的身分秩序が固定した当時にあっては、医業が比較的安定した職業であるという考慮も働いていたであろう。

幼時の逸話

『漢文行状』では、さらに次のようなことを伝えている。元俊が生れたとき、父は首に薬袋をかけ、赤貧洗うがごとくであったが、落着いたものであった。元俊は幼時は近所の子供とともに遊ばなかった。四－五歳のころのこと、家の前に本願寺があり、支院の僧がここに来り、かごかきが門で待っておった。このかごかきが、戯れに元俊をかごにすわらせて前後に歩んだが、元俊は泰然として貴人のごとき態度があった。両親はこれをみて大いに喜び、自分はいま、かまどに煙をたてることができぬ日もあるほどであり、この子はこのような境遇で育った。だからこの子に対しては、親としてはずかしいが、将来は大いに期待できる、と。

その気識

また、幼童のときも気識が異常で器局があり、朱子学を学び、かたわら老荘の説や兵法を喜んだ。そして、天地の事象を観察し、陰陽は、わずかに地球に適用されるだけで、そのほかには適用できないし、五行は人身には適用できるが、天地の理を統括しえないと言った。ここにおいて深思苦慮して、その要領を得ようとした。のちの著書で元真・四元・八該の目を立てたが、実にその言は、この時に萠していた、とも伝えている。

やや長じてからも、両親によくつかえてその志を養った。飯をたく釜にはちりがたまっていても、来客を好んで平気であった。しかしおそくなると、母が睡眠がとれないだろうというので、きりあげた、ともいわれる（以上『漢文行状』）。

淡輪元潜に師事

父李伯は元俊を伴って淡輪元潜に入門を頼んだ。元潜一見して元俊が凡児でないことを見ぬき、自分の一字をとって、太吉を改めて元俊という名を与えた。元俊は俊とは千人に過ぎる意味であるから、この名前には不満であったという。わずか十歳の元俊は、師の薫陶(くんとう)にこたえ、早朝師の家にいたり、門がしまっていると、閾(しきい)に腰をおろして読書していることがしばしばあったという。元潜また元俊の才を愛し、教導これ努めたようである。

淡輪元潜

淡輪元潜（一七一九〜一八〇八）は名を重弼(じゅうひつ)、号を葑山(ほうざん)といい、代々元潜を称したので三代目元潜である。筑後（佐賀県）柳河(やながわ)藩医で山脇東洋門人。藩の大坂蔵(くら)屋敷に勤め、傍ら大坂町民の治療につくし、弟子もとり、神医の称があったという。寛政年間五十石を加増されて百石となった書付と、大坂における治療に対する褒状がのこっている。儒学は皆川淇園(きえん)についた（『皆川淇園文集』巻四に「送淡輪弼西遊序」がある）。元潜の養子元朔(げんさく)にも『東北遊歴日記』『西遊雑録』があり、元俊の遊歴、皆川淇園入門も元潜の影響が考えられる。

宝暦九年（一七五九）、元俊十七歳のとき、父が中風にかかった。飲食・起臥も自由にならぬうえに、母まで看病の疲れで俗称〝提げ肩〟にかかり、両手があがらぬ始末となった。そこで元俊は両親の洗面・髪結いから飲食・衣服着用まで一切の面倒をみ、そのあいまに医療もやるという多忙な生活においこまれた。後年元俊は当時の苦労を回想して、一子元瑞に次のごとく語った。「節季になると掛取がやってくる。支払い不能で責められると両親の病気にさしつかえるので、節季前に商家に事情を話し、入金しだい利子もそえて返済すると頼んだ。人々は年もゆかぬに行届いたことだと感心し、全額支払わなくとも喜んで帰ってゆく。強硬な人びとにもまわりから説得してもらったり代りの店より買うことにしたりする。そのうち人々の同情は募り、なれぬ元俊の治療でも辛棒して依頼してくれる。両親も掛取が文句もいわずに礼をして帰ってゆくのを不思議におもい、息子の才覚に感心した」と。ここには元俊の誠実な人柄と平素の用意がよくしめされているのであるが、元俊自身も、世の中の人は貧乏の仕方が下手である。真実心さえあれば渡る世間に鬼はないと語った（以上『行状』）。

三　永富独嘯庵に師事

生涯の三人の師

学問・人格の形成に尊ぶべきは良師である。元俊は、しばしば元瑞に「自分は、さいわいにして生涯に三人の異人にあった。皆川淇園先生の字義・文理と、慈雲律師の仏理・道徳と、独嘯庵先生の英才・傑姿とがこれである」と。この三者の第一が、独嘯庵との出会いである。

永富独嘯庵

永富独嘯庵が、元俊に与えた影響は、きわめて大きい。ここに独嘯庵のことを、すこし述べておこう。独嘯庵（一七三二〜六六）は長門国（山口県）豊浦宇部村の人、名は鳳、字は朝陽、はじめ昌安と称し、のち鳳介と改めた。本姓は勝原氏、十二歳のとき香月牛山の高弟永富友庵（現在の下関市南部町に居住）の養子となり、十三歳のとき萩に遊学、十六歳で江戸に遊び、翌年帰京した。元俊が父に従って大坂に移住した翌年、二十歳で上京、山脇東洋に入門した。寛延四年（一七五一）のことである。この年、年号は宝暦と改められ、同四年（二年ともいう）、独嘯庵は東洋の子東門と越前の吐方の大家奥村良筑をたずね、これに師事した。吐方とは、当時の医療の三方法である汗・吐・下、つまり発汗・吐瀉・下剤の一である。この宝暦四年は、東洋が、わが国最初の観臓を行った記念すべき年である。翌年帰国した独嘯庵は、赤間関（現下関市）で開業、かたわら蘭陵和尚に参禅した。

宝暦十年から諸国を漫遊、翌年京都に入って山脇東洋から後事を託され、十二年には讃岐（香川県）の合田求吾とともに長崎に遊び、同地の大学者吉雄耕牛に師事し、オランダ医学のすぐれていることを認識した。この間のことは、自著『漫遊雑記』にくわしい。

同年、東洋は幕府に召されたので、独嘯庵を同行させようとして、よびよせた。

独嘯庵はいそいで上洛したが、大坂まで来たとき、八月三日に東洋が急逝した報に接し、京都にいたって善後の処置を講じた。その後大坂に移り、備後町五丁目で開業した。このとき元俊は二十歳であった。

独嘯庵に師事

独嘯庵は同門の淡輪元潜から元俊の孝心と誠実さを聞いてふかく感動し、元潜に二人で指導しようではないかと提案した。元潜おおいに喜び、早速元俊に告げたが、元俊は治療と両親の看護に多忙であったから、にわかに返事ができなかった。独嘯庵は、こらえかねて自ら元俊の家をたずね、おおいに勧めたので、元俊もついにその好意を無にしがたく、入門を決意した（『行状』による）。元俊が二十歳のころであろう。当時独嘯庵が元俊に与えた書翰（『行状』にあり、故中野操医博所蔵）に（原漢文）、

独嘯庵の書翰

向者(さきには)華箋(かせん)を賜り多謝。惰夫(だふ)（自分のこと）淡元潜と交わること二十年、憂を与(とも)にし歓を与にす。而今而後(じこんじご)、足下と交わること猶お淡元潜に於けるがごとくんば、是れ大幸也。是れ奇遇也。聞く、足下能く父に事(つか)え、能く母に事え、薪水之

労を親し、又能く古医方に傾注し、能く経史を読むと。古人に恧じずと謂う可し。惰夫山東洋に事うること五年、長沙氏之方（医術のこと）を受く。退いて之を事実に試みること十年。未だ斯道之淵源に通ぜずと雖ども、将に以て身を終えんことを楽う也。嘗て曰く、凡そ百技、之を知る者有り、之を得る者有り。之を知る者はこれを得る者に如かず。而して之を知るは易く、之を得るは難し。夫れ之を得る者は、順逆の為めに拘わる所勿れ。寵辱の為めに寇する所と為る勿れ。毀誉の為めに移る所となる勿れ。貧富の為に阻む所となる勿れ。而して後之を真に得ると謂う。乃わち茫茫たる宇宙、鮮いかな、之を得ること。足下夫れ諸を思え。恧。

独嘯庵頓首復す

小石元俊　足下

右の要領は、独嘯庵が二十年間淡輪元潜と交わって苦楽をともにしたが、いま元俊と交わること元潜のごとくであれば大幸であり奇遇であるとし、元俊の孝養・医技・読書を賞し、知識より体験を重んじ、真の何たるかを説いた。元俊の書翰への返信の形をとっているが、実に堂々たる訓戒の書である。

独嘯庵の英才は元俊を深く感動せしめた。だから、単に医事のみならず、およそ胸中に鬱積した疑念をも質し、真に我が師を得たと衷心より喜び、両親の病勢衰えるとともに、いよいよ独嘯庵のもとに研鑽を深めた。

独嘯庵門下の三傑

亀井南冥

このころ独嘯庵の名はいよいよあがり、多数の門人を擁していたが、元俊は亀井南冥・小田亨叔とともに門下の三傑をもって称せられた。亀井南冥（一七四三〜一八一四）は筑前姪ヶ浜（現福岡市内）の人、字は道載・道哉のち主水、号は南冥、のち信天翁・狂介居士・苞楼・東西南北人。一家詩文にすぐれ、弟曇栄・長子昱太郎＝昭陽・次子昇＝大壮＝雲来・三子大年＝天池坊を合せ五亀と称せられた。二十歳のとき上京、吉益東洞の門に入ったが、その説を偏倚として翌年独嘯庵に入門した。宝暦十三年朝鮮信使と藍島に会してその才学著われ、福岡唐人町で父聴因とともに開業の傍ら医を講じ、独嘯庵没後その遺児を託された。安永七年（一七七八）三十六歳のとき抜擢されて黒田藩儒医、六年後藩の西学甘棠館の祭酒にあげられたが、寛政四年（一七九二）急進的議論のゆえにしりぞけられ、文化十一年三月焚死した。弟曇栄（幻庵）は詩僧として名高い。元俊に淇園入門をすすめたのも南冥である。元俊は広瀬淡窓の友人蒔大香に「道載を当時の京都の儒者などと同様に思うべからず、実に猛虎の如きものなり」と書いて、その人物を推奨している。

小田亨叔

小田亨叔（一七四七～一八〇二）は独嘯庵の末弟、名は智泰、また泰、号は済川・凌雲。十四歳のとき兄に従って京都遊学、東洋に入門し、兄の没年まで傍らにあって医を開業した。兄の死後帰郷、翌年藩侯に召されて明倫館に留学、長府に帰って藩医小田雲同＝智則の養子となり、さらに長崎遊学、藩校敬業館の都講兼医員となった。両人とも元俊生涯の親友であった。功山寺の亨叔の墓碑前面の「済川先生墓」は元俊の筆になる。

さて、宝暦十二年甲申、独嘯庵は元俊に「字の説」を与えた。これは元俊が名を問うたのに対し、名を道、字を有素、号を大愚とつけた由来を書いたものである（小石家蔵 原漢文）。

夫れ人窮めざれば則わち知明らかならず、心窘しまざれば則わち道得難し。古曰く、道を得ること素有り故有りと。故に士の大成を期する者は百艱を嘗むるも可也。水火に赴くも可也。斯之時に方り、世人識らざる者は、或は愚

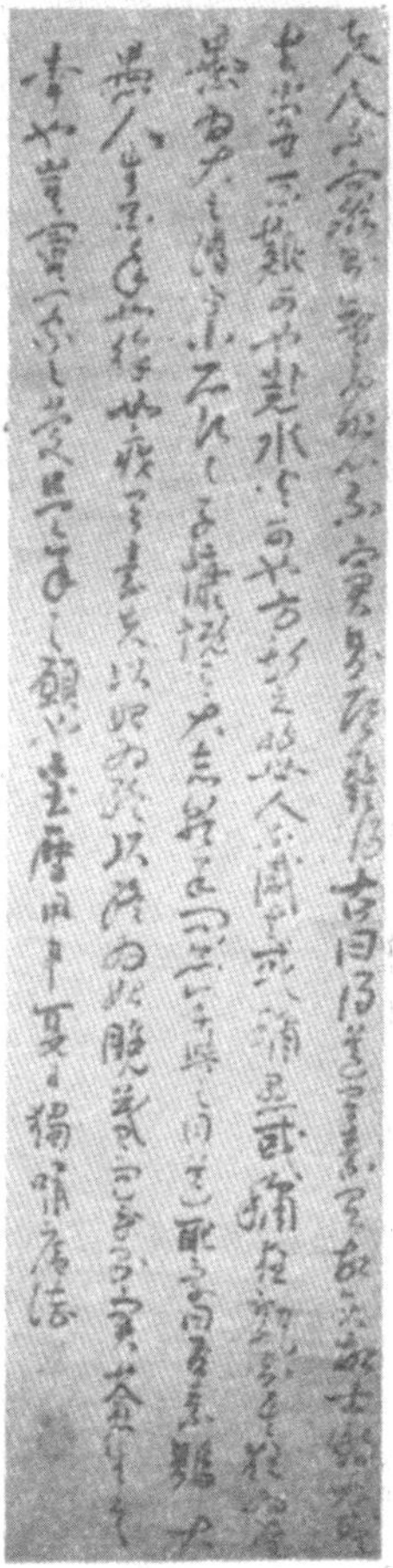

「字の説」（独嘯庵筆）

と称し、或いは狂と称す。孰か其の狂の聖愚大と為るの謂為るを知らん乎。小石氏之子、慷慨大志有り。余に就いて名を問う。余之に与えて道と曰い、字に配して有素と曰い、大愚と号せしむ。人生百年、徐かなる如く、疾きが如し。有素夫れ始を以て終と為し、終を以て始と為し、晩暮にして成らば、則わち実に蒼生之幸也。豈に啻に一家之慶たるのみならんや。是れ余之願也。

宝暦甲申夏日、独嘯庵誌す。

前掲書翰とともに、独嘯庵の堂々たる文章である。独嘯庵は元俊を「慷慨大志あり」と評し、道は物事をきわめ知を明らかにすることによって得られる。それには素と原因が有る。大成を期するには艱難・水火も辞すべからず、人狂愚と非難しようと大をなすための方法である、人生百年おそきがごとく早きがごとく、有素は始めを以て終りとなす。最後に大成すれば一家の慶のみならず人民の幸いであり、また自分の願いでもあるという。

独嘯庵の影響

独嘯庵に師事した間、元俊のえたものは何か。まず第一は独嘯庵が単なる医者でなく、その薫陶をうけた元俊が一個の武士として、さらに治国の志ある武士としての修業に心を配ったことは、顕著な事実である。第二はオランダ医学への傾倒である。独嘯庵は長崎へ同行した合田求吾の著『紅毛医言』（写本の完本は坂出博物館に所蔵）への序文（独嘯庵の著『葆光秘録』にも収載）にも、「紅毛の政は解剖を禁ぜず、不治の病で死んだ時は、これを解剖してその原因を調べるから、病因が瞭然となる。中国医学の欠を補うものはこれである」と述べている。元俊もまたオランダの医学の精妙に感じ、のち『解体新書』刊行に接して江戸の蘭学と交渉するにいたる。第三に、強いてあげれば、淡輪元潜と同様、独嘯庵の遊歴修業の影響を数えることができるであろう。

元俊の独嘯庵に師事したときの逸話として、『漢文行状』はいう。ある日独嘯庵は元俊に問うた。

荘子に言う。水に入って溺れず、火に入って焚かれずと。これはまことか。

元俊は声に応じて答えた。

水に入って肢体が溺没しても溺れないものがあります。火に入って骨肉焚き尽すといえども、焚かれないものがあります。

と。独嘯庵は「否」と言った。ときに独嘯庵は、炉の傍らにいた。元俊は急に起ちあがり、独嘯庵の手をとって、

では、試してみましょう。

と言いざま、手を炉の中につっこもうとした。独嘯庵は、笑ってこれをさけた、と。

独嘯庵の合理主義と、元俊のするどい機鋒とが、火花をちらすような挿話である。

四　慈雲に参禅

独嘯庵について、第二に河内の高僧慈雲に参禅したことを述べよう。その時期は明らかでないが、独嘯庵師事から西国漫遊に出るまでの間であろう（本章五参照）。参禅の動機も、おそらく師独嘯庵の影響（独嘯庵の参禅については既述）によるものであろう。

元瑞は『行状』にいう、

……河内の高井田の慈雲大和上（わじょう）と云ふ大徳に参ぜらる。大和上大坂の北野の万善寺と云所に出らるゝ事あれば、駕籠（かご）屋町（天明八年大火後ここに移住）よりは一里許（ばかり）も有所なれど、療用終りて後（ち）夜な〱行て参禅し、未明に宅に帰り、直様療治に出られし事、龍（元瑞）が幼童の時に毎度有レ之し也。遂に二十余年にして直悟を得られける。

と。また同書に一つの挿話を紹介している。それは、元俊独身時代、下僕が盗癖あり、元俊が離れ座敷で坐禅のすきに居間の金を盗もうとすると、その都度元俊が出定（しゅつじょう）（定とは、ここでは坐禅のこと）するので、下僕もその機会がなく、元俊も何となくあやしいので解雇した。はたして彼はのち罪をおかして捕縛されたが、そのとき、この時のことを話し、「彼はただものにてはあるまじ、其時胸にこたえ、思ひ出せば（これ程）おそろしき事はなし」と述懐したという。

慈雲（一七一八〜一八〇四）は播州田野村（兵庫県神崎郡）の人、伊藤東涯に学び、法楽寺貞紀（じょうき）和尚についてその後をつぎ、長栄寺に移り、生駒山に隠居、さらに河内高貴寺に移った。その仏学は顕・密・梵学・禅を兼ねて一宗に拘泥せず、儒典・神道にも通じ、また絵をよくした。梵語学者としては卓抜の学識があった。世に慈雲尊者と称せられる。

慈雲の元俊に対する影響も、のちに説くとおり随所にみられる。両者の交渉をしめすものとして、次の三つが残されている。一は元俊が慈雲に呈したもので、

心性本来空廓　　心性は本来空廓然たり。

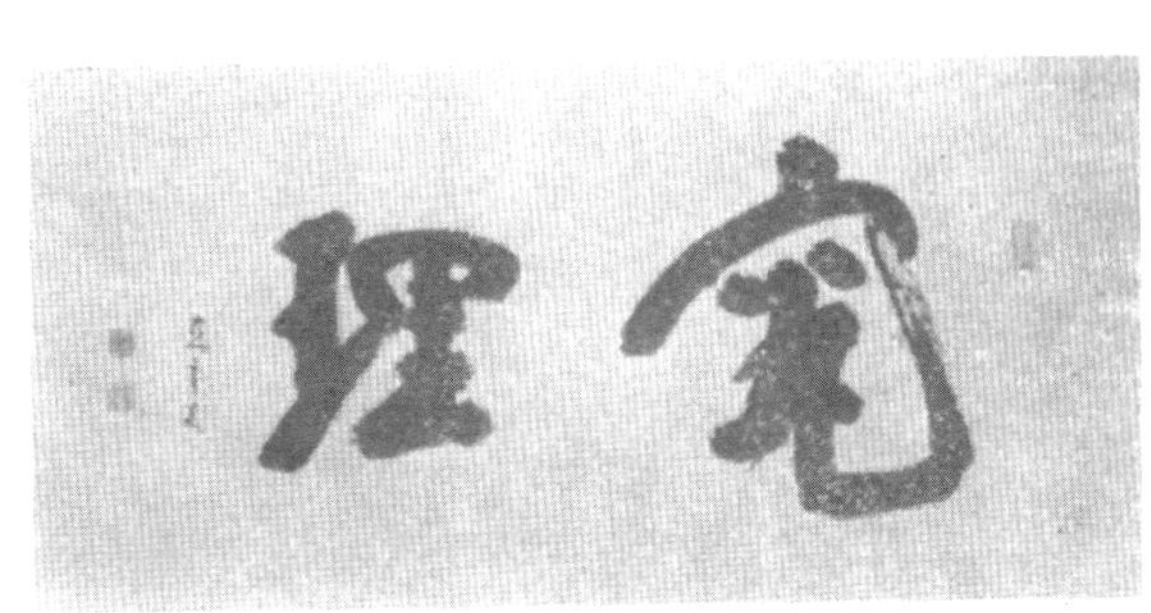

「究理」の扁額（慈雲筆）

然、徒労観察久　　徒らに観察に労して久
周旋、山中　　しく周旋す。
大士無情甚、教　　山中の大士無情甚し。
レ我甘霜迷入レ禅　　我を教うること甘霜、迷
右奉呈　　いて禅に入らしむ。
慈雲大和上老師
猊下
参禅弟子　小石道
九　拝　　（口絵参照）

「我を教う甘霜」とあるから、かなり後の書である。第二は慈雲が元俊に与えた「究理」の扁額である。第三は、元俊の書翰に対して自分の都合を報じ

た書翰である。

五　西国漫遊

明和元年(一七六四)一月十六日、父李伯が没した。時に元俊二十二歳である。行年(ぎょうねん)は明らかでなく、六十歳ぐらいという。元俊は哀悼(あいとう)きわまりなく、規定以上に服喪したので、孝名は四方にひろがったという(『漢文行状』)。墓は、淡輪元潜の墓所である大坂夕陽丘(ゆうひがおか)の梅旧院にあり、後年元瑞が頼山陽に依頼して墓碑を作った。最近墓は元俊を葬った京都紫野大徳寺の孤篷(こほう)庵に移された。墓碑は左の通りである(『浪花叢書』第十巻の「稿本大阪訪碑録」にも収載)。

墓　表

成蹊院雪叟李伯居士

恭貞院歓室妙喜大姉

碑　文（原白文）

君氏は小石。李伯は其の通称なり。旧林野氏。市之進と称す。諱は直頼。世若狭に仕う。祖総左衛門直昌・考（父のこと）作兵衛直定自り、相襲で老職為り。君に及んで故有って臣為るを致して去る。名を伴右衛門と更め、丹波に流寓し、今の名氏に改め、医に隠る。終に大坂に住し、宝暦甲申正月十六日を以て没す。配（妻）柴原氏は、丹波田辺の人なり。安永丙申七月廿三日を以て没す。年五十七なり。天王寺の側、朽縄阪の梅旧院に合葬す。子道を生む。字は元俊なり。平安に移住す。孫龍・元瑞に伝う。皆医を業とす。道石を建て、龍之を重修す。君身を終うるまで家系及び生年を語らず。故に其の享寿（死の齢年）を詳らかにせず。其系の如きは略ぼ之を若狭人に聞くを得たり。其の湮滅を懼れ、君の欲せざる所を知ると雖ども、而も敢て書せずんばあらず。書者は元瑞之友、芸国頼襄、時に文政乙酉五月也。

すなわち元俊が碑を建て、元瑞が重修して山陽に碑文を頼んだのである。文政乙酉は八年、山陽四十三歳のときである。

漫遊の志

父の死後、貧窮ながら母も病癒え、裁縫の手内職をはじめ、生計にもすこしは余裕ができた。元俊は諸国漫遊の志はありながら、母一人をおいて行くわけにもゆかない。師の淡輪元潜も元俊の希望を知りながら、自分はまだ独身であり、元俊の母が年のわりに若く見えるので、他の風評をおそれて、あえて元俊に漫遊をすすめることをさしひかえていた。これを知った母は薙髪(ていはつ)して名を妙喜と改め、元俊に漫遊をすすめたので、元俊も元潜・独嘯庵と協議、両師も後顧の憂いのないように計って漫遊をすすめた(『行状』)。

出発の時期

元俊が漫遊の壮途についた時期は明らかでない。皆川淇園は後年元俊東遊を送る詩の序に「年十八西遊、居ること数年」、二十五歳のとき大坂に帰ったとし、『行状』も出発・帰還の年を記さず、「六年にして大坂に帰らる」としている。ともに時期があわない。『漢文行状』では出発後三年、独嘯庵が死んだ（明和三年）とあるから、おそらく明和元年元俊二十二歳のころであろう。

元瑞は『行状』に、「先考漫遊中、凡そ一芸に名あるものは尽く心を委(ゆだ)ねて其術を問ひ、六年にして大坂に帰らる。得る所の奇方良術は云ふも更なり。心に看聞(みき)きし事多き故、未だ若年なれども療術の効験人を驚かす事多く」と述べている。それをしめすものが漫遊中の記録『西游再功』

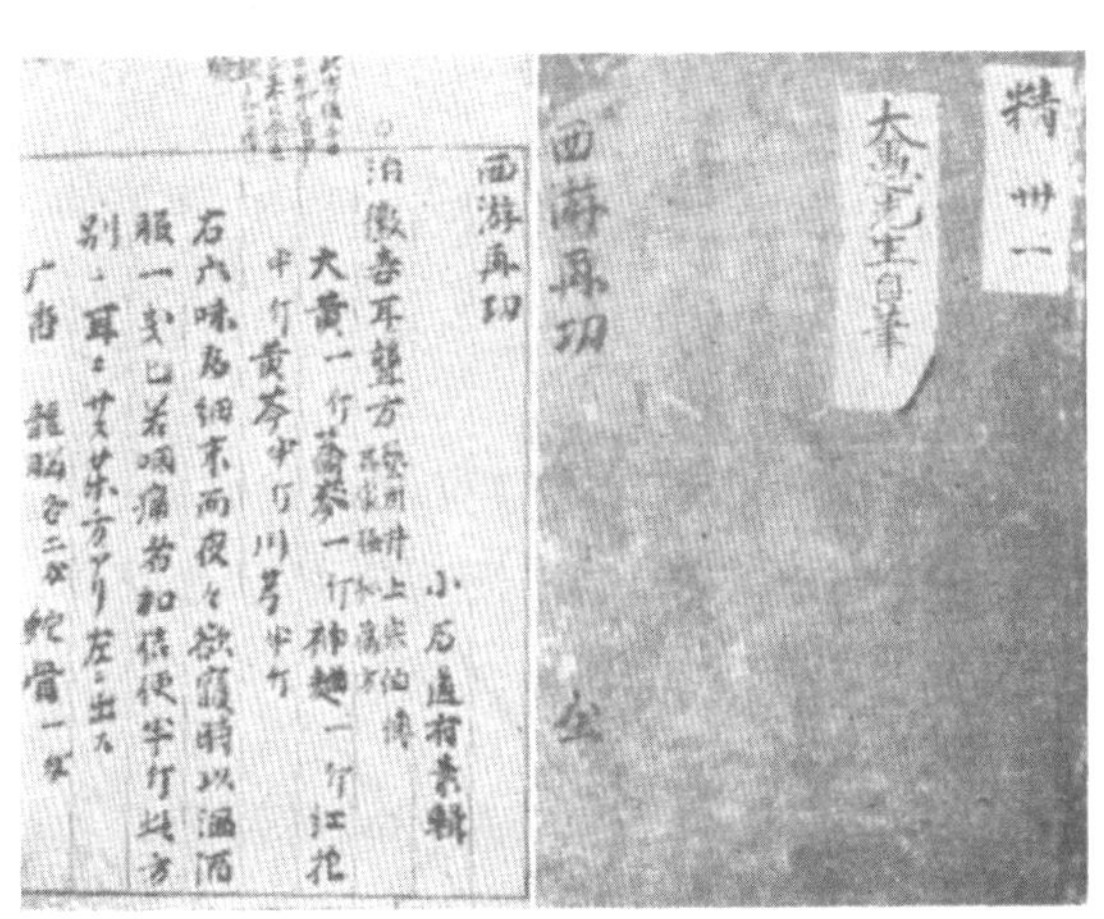

『西游再功』表紙と第一ページ（元俊自筆）

である。

本書は表紙に「西游再功　全」とあり、本文一枚目に「西游再功　小石道有素輯」とあって、つづいて、すぐ

治二黴毒（ばいどく）・耳聾（じろう）一方（ほう）芸州井上宗伯伝、其家極秘蔵方、

と薬の作り方が書かれている。欄外には「此方後チニキカザル由申シ来ル、余モ試ミルニ無レ験」と書込みがある。つぎに、

傷寒時疫発汗極奇方伝同上、此方本芸州草津西道朴家方、其実者西洋方、

とあり、作り方をかかげ、欄外に「此方其家ノ真方ナラズ、之ヲ惜ミテ此ノ偽方ヲ伝フ、後チ其真方ヲ伝フ、別ニ証ス」とあり、正しい薬方を記入、井上宗伯の書翰が「是井上宗伯後ニ真方ヲ申シ来ル書状ナリ」の註記を付して収められている。宗伯は、「私家方三日丸、平戸では人目が多く、やむなく先生を欺いたが、今真方を示すから用いられたい。実に妙用で、自分も南冥先生も用い、すべて全

快させている」旨が書かれている。その他、本書に収められた多くの治療方・薬名は、元俊の修業ぶりを遺憾なく伝えるものである。元俊は後年にも良法を聞けば遠近を問わず、医師の有名無名に拘らず、赴いて治方を研究したが、親試実験の風潮を体現した人物の一人といえよう。

この『西遊再功』から、元俊の足跡をも推定することができる。それは山陽道―福岡(唐人町、亀井)―平戸―博多―筑前―長府―清州江(清末)とたどることができる。『漢文行状』は、これについていう。はじめに兵庫で颶風にあった(のちの逸話参照)。三田尻では久保季道(名仲通、彦右衛門と称した)に水軍の術を受けた。長府に遊んでは小田亨叔に寄宿し、筑前に遊んで亀井南冥の家を宿とし、平戸に遊んでは白石子春(藩儒、俗称は彦三郎、『桃花洞遺稿』の著がある)方に宿泊し、いたるところ多く医家に宿泊した。治療を請う者はこれを診療し、去るにのぞんで金を贈られると、そのうちから路費だけをとって、あとは返した。衣はなく、財布のなかは金に乏しかったが、いっこう平気であった。あるとき僻村に道をとったが旅館がなく、人家は旅人を宿泊せしめることを禁じられていたので、やむなく夜旅を続けた。月光は昼のごとく、たまたま土地の人も来たので、前後して歩んだ。草上に金が落ちていたが、元俊は見ても知らぬ顔をして過ぎた。土地の人は、

　銭が落ちているから拾いなさい。

と言ったが、元俊は、

　丈夫たるもの、どうして遺(わす)れた金を拾おうか。

と言った。土地の人は、

　自分にいただけないか。

と言うと、元俊は御自由にと答えたので、彼は元俊の廉潔に感じ、あなたは、なぜ夜旅をするのかと聞いた。元俊が理由を言うと、彼は、そういう禁制はいちおうあるが、きたなくともよければと、自分の家へ泊めてくれた。

また筑前に遊んだとき、行く手に山があり、昼もかなりすぎていたので、越えることが不可能なことを知った元俊は、一夜の宿を求めたが、ここでもまた禁制であった。土地の人に聞くと、進んで山を越えても四十里、旅館のあるところも引返して四十里あるが、行きは難路だから引きかえしなさいという。元俊は、男子志を立てた以上、むしろ困難を選ぼうと、道を詳しく聞いて出発、日暮に頂上についた。やがて星がきらめきはじめた。道が分れていると、天象を観測して方向を定めた。そのうち二匹の犬がついてきたので、いよいよ人里が近いと思ったが、行けども行けども人家はない。やっと一漁村に出て村長の家に投宿した。主人が出てきて、どこから来たと聞くので、山を越えて来たと答える。つれはあるかと聞くので、ないと答える。何か変なものを見なかったかと尋ねられ、犬が三-四匹いただけだと答えると、主人は大いにおどろき、あなたは神人だ。近ごろあの山には狼が棲んでいて、土地の人も多数被害をうけているので、数人でなければ通らないのだ、と。

漫遊およそ六年、長崎にまで行った。この間一技に秀でたものは、ことごとくたずねたから技術も進歩し、大いに流行し、生徒もふえた。わけへだてなく人にも接し、よく人の言を入れたから、門生も大いに切磋(せっさ)研究して業もすすみ、元俊の名声は四方に聞こえた。また『西游再功』に出てくる人名は、のちその子が元俊の門人になったものもかなりあることをしめしている。

なお、本書の中に、

和州十津川中ノ村ニアマカヅラト云モノアリ。余兼葭堂(けんかどう)ニテ其物ヲ見、其汁ヲ嘗(なめ)タリ。

花紅葉サラニハ植ジ嵐山　トナセ(音無瀬)ノ滝ノ有ルニ任セテ　右慈雲僧題ニ

任有亭ニ歌　慈雲世称(にす)ニ今西行(と)ト。

とあるのは、元俊が漫遊出発前木村兼葭堂や慈雲と交渉のあったことをしめすものである。

元俊漫遊中の逸事を二つ紹介しておこう。

一は文人画の大家田能村竹田（たのむらちくでん）の『屠赤瑣瑣録（とせきささろく）』である。竹田はしばしば京坂の間に遊び、その子は元瑞に入門して医事を学んでいるから、かなり確かであると思われる。

漫遊中の逸事

元俊は若い時諸州を歴遊して医事を学んだ。かつて筑前甘木（あまき）駅の教法寺（現存）に寓していたが、一日合谷（ごうや）氏（同姓は同地方に今も多い）が衆僧に供養したとき、ある人が元俊に「君も往って食うか」と誘った。元俊は喜んで袈裟を着、衆僧とともに堂に上り、飽食数椀、すこしもはずかしがることがなかった。教法寺の僧大同はすこぶる有徳の者で詩もよくした。一日お経を講じたとき、駅中の男女が来聴し、その徳を讃えてやまなかったので、はじめ聞き流していた元俊もついに聞きあき、たえきれなくなり、臂（ひじ）をまくり堂に上って大音

秘傳目録
一天幕水捕之秘傳
一捕之大変
一然海上無違之秘傳
但百度見百度無違法
一家変道中之大事
但千度参百十度中
一改変山悉所傳言若之秘傳
已上
極意目録
一先面知害之習

意　目　録

声で、「くちばしの黄色い奴めらが！おべんちゃらも甚だしい。こんな坊主は京の町には、はいて捨てる程いるわ！早々退散せんと頭に一番お見舞申すぞ！」とどなった。元俊は遊歴数年、いつわって痴漢を装っていたので、誰もその何人たるかを知らなかった。（意訳）

元俊の性磊落（らいらく）、卓厲（たくれい）風発ともいうべきさまがよくしめされている。師独嘯庵の影響であろう。蘭学への開眼、人体解剖の敢行も、かかる果断さにもとづくものであろう。

もう一つは『行状』の「遺事」に述べられている。それは次のとおりである。

兵法の極

漫遊のはじめ、兵庫沖で颶風にあい、船頭も手の施しようなく、人びとに覚悟を告げた。人びとは顔面土色のごとく、神仏を祈願しはじめたが、元俊は泰然自若として大声叱咤し、「天下の危難を救うべき自分が乗っている以上、このまま海に沈みはてることはないから安心せよ！」と叫んだ。人びとと元俊をうかがうに顔色平素と変るところがなかったのでようやく落着き、かろうじて岸に寄せ、無事渡海した。同乗の大坂人がのちこのことを語り、「若い人だが凡人ではない」といったのを聞いた、というのである。（意訳）

このときの経験からか、元俊は漫遊のさい周防の三田尻で久保彦右衛門（名は沖、字は季道、萩藩の儒者で『桃花洞遺稿』の著があるという。しかしこの著は幕臣鵜殿孟一にも同名のものがあり、既述の『漢文行状』では白石の著としている）から水軍の法を皆伝して、水戦のことにはとくに詳しかったという（後章をも参照）。

元俊漫遊間、師の独嘯庵は明和三年三月五日、有為の才を抱きながら、わずか三十五歳という壮年で他界した。大坂天王寺の蔵鷺庵に葬る。晩年は淡輪元潜が、自分の母のごとくにして看病したという。元俊は西遊より帰ってこのことを聞き、「自分を今日にまでして下さったのは元潜先生であろう。その恩は、ますます心にふかく刻まれて、終身忘れることがなかろう」と語った。元俊は大成後も、かごに乗ってその門をすぎることはなく、午前二時ごろに病家に招かれても、かごかきを制して止め、徒歩で過ぎたので、かごかきは、その後は淡輪家の前を通らぬようにした。元潜の娘が嫁ぐとき、元俊は化粧料として百金を贈り、旧恩に報いたという（『漢文行状』）。

第二　開業と著書『元衍』

一　大坂開業

大坂開業と名声

西遊から帰った元俊は、大坂で開業した。明和六―七年ごろであろう。西遊の研鑽で名声のあがったことは、『行状』で「療術の効験人を驚かす事多く……時の老医も皆屈して先生を以て是を称し、名を呼ぶものなかりし」とあり、『行状』の「遺事」に次のような挿話を伝えていることからも明らかであろう。

若い時のこと、一富豪が難病にかかり、衆医も辞退したのを、元俊は危険な治を施して一夜に効験あり、翌朝快癒にむかった。その家族はもちろん、別家までも大いに喜び、衆医をよんで歓待これつとめているところへ元俊を招き、しいて上座にすわらせた。元俊は粗服ながら泰然として坐ったが、一老医はこれを見て、「先生は幸せな人だ。年は若いが人びとに推賞される」と述べたので元俊は、

それはそのはずです。あなたがたは槍玉に上る恐ろしそうな所は一番に尻込みして、うまいもののある所はいつも一番槍をされる。わたしは槍玉に上りそうな命掛けの所へ向うから功名もあるのです。飲食の人は人これを賤しめます。わたしを幸せな人と申されますが、自分はそれ程のことはあると思います。

と答えたので、人びとがドッと笑い、かの老医は恥かしさのあまりコソコソと帰った。衆にすぐれたさまは、その頃からあらわれていたと、ある人が元瑞に語った。

『在津紀事』

また、明和元年（一七六四）十九歳で大坂に出た頼山陽の父春水の随筆『在津紀事（ざいしんきじ）』

は、交友のあった名家の奇聞・逸事を記して文化七年（一八一〇）に一本としたものであるが（山陽校訂、孫が明治十年出版）、元俊について次のように記した。「岡本尚卿また修養を論じて元俊と兄弟の交わりを結んだ。ともに質行の士である。亀井南冥の弟宗曄も大徳寺におり、病にかかって元俊の家に寓して治療をうけた」と。同書の増補版に篠崎小竹は加筆した。「元俊は鴈瘡を患った。毎朝弟子をつれずに銭湯に行ったが、その帰りは手巾を頭にのせており、人が怪しんでも一向平気であった」と（森銑三著『書物と人物』による）。元俊の磊落さと、貧に甘んじて修業したことを伝えている。

母の死

安永五年（一七七六）七月二十三日、元俊三十四歳のとき、母が没した。遺骸は夫李伯の夕陽丘梅旧院の墓に葬られた。元俊の結婚はこの七年のちであるから、ついに孫の顔を見なかったわけである。

亀井南冥との再会

安永三年、『解体新書』が出版された。元俊はそれよりさき、『元衍』の著述をすすめていた。ところが安永六年に亀井南冥が十年ぶりに京都に来たついでに、大坂にたちよって元俊宅に宿泊した（後述の独嘯庵墓碑建立のためか）。その時南冥は元俊の書いたものを見て、「論は高いが文は拙い」と注意したので、心安からず思い、京都の儒学の大家皆川淇園につく決心をし、門人（そのなかには淡輪元潜の養子元朔もいた）をひきつれ淇園の鶴橋塾に入った。

一時頼春水宅に寄寓

淇園門に入るまで、元俊は一時頼春水宅に寄寓したが、『通鑑綱目』を読んで六朝の歴史を研究し、春水にも質問した。元俊は早朝かならず机をふき、正座して声高らかに読書、夜はかならず初更（八〜十時）ののちに就寝し、これを修養としていた。春水も、元俊は飲食・起臥すべて規則あり、自分の及ぶところでないと述べている（『在津紀事』）。

読史の態度

元瑞も『行状』の「遺事」で、元俊が春水から『通鑑綱目』を習い、日夜勉励、習得もきわめて早く、春水を驚かせたことを述べている。綱紀の乱れた田沼時代にあって、医師である元俊が読史に関心をよせたことは、自分が将種(しょうしゅ)であるとの自覚に支えられ、つねに治国の志をゆるがせにせぬことを心掛けたためと思われるが、その読史の態度は、治乱興亡のあとを大観し、善なるもの、正なるものが、ついに勝つことを明らかにするにあったという。

儒学と道教と仏教

なお、当時は儒学では荻生徂徠の古文辞学派が勢力をもったときであるが、元俊は朱子学を尊び、聖門の学とは朱子学であり、その他は章句訓詁(くんこ)に堕しているか、さもなくば浮華虚文に流れるから、学ぶべきでないとした。また老荘の学も知識を開くによく、この識なきものは行事にも言談にも区々として見るべきものがないとして、これを好み、さらに天地万物の真源至奥(しおう)の理は仏教でなければならぬとして参禅した。元俊の医事と学問は、かかる多方面な基礎のうえに立っていた。

独嘯庵の墓建立

ここで永富独嘯庵(ながとみどくしょうあん)の建碑のことにふれておこう。

永富独嘯庵の没後十一年にあたる安永六年(一七七七)冬十一月、元俊は小田亨叔(こうしゅく)とはかって独嘯庵の墓を建てた。前節で述べた南冥の上洛は、このためであろうと思われる。墓碑正面の「処士独嘯庵墓」の六字は、元俊の依頼で南冥の弟曇華(宗曄(そうよう))が書き、南冥の父聴因(ちょういん)(実際は南冥であろうともいう)が撰文を誌し、篠崎応道が書いた。この撰文は漢文で書かれ、墓碑の両側と裏面に刻まれた。その末文に、

今玆に受業の弟子小石道(みち)、処士の弟泰(小田亨叔)と力を戮(あわ)せて石を建つ。余(聴因)に謁して誌銘せしむ。余が男魯(ろ)(南冥)、師資(しし)の誼(よしみ)あるを以て、固辞せずして誌し、且つ銘をなす。曰く、

天奇ニ爾(なんじの)才ニ胡(なんぞ)数奇(なる)　汪々(たる)処士夭寿(ようじゅ)何(ぞ)疑(わん)

とある。夭寿は、独嘯庵が多病でみずからも長生を期していなかったのによると思われる。独嘯庵の「寿夭禍福不疑」の筆蹟が長府図書館に蔵せられている。なお、この墓碑は二転・三転して、現在大阪市天王寺区上之宮町の蔵鷺庵(ぞうろあん)(曹洞宗)にあ

り、無縁仏の最上段にあるが、昭和四十年三月その二百年祭を期して墓域が定められた（本項は多く木山芳朋著『独嘯庵』によった）。

二　皆川淇園門の元俊

淇園の元俊評

元俊が皆川淇園に入門したのは『有斐斎門人帖』によれば、安永六年（一七七七）十一月十一日のことで、同日の条に、

大坂人小石元俊道字有素三十五歳　紹介　淡輪

とある。淇園も後年「元俊はその治に効多く、医道に発明するところもまた多かった。みな軒岐（医家の先祖）のいまだ言わざるところである。かくて著書に志し、自分に従って文を学んだ。数年にして著書半ば就り、これを治に験した。診療を請うものは門にみちた」と書いている（「送小石生東遊詩序」）。年代は不明であるが、淇園が「碧霞」（元俊の別号）を書して与えたのも、この頃であろう。

元俊著述に専念

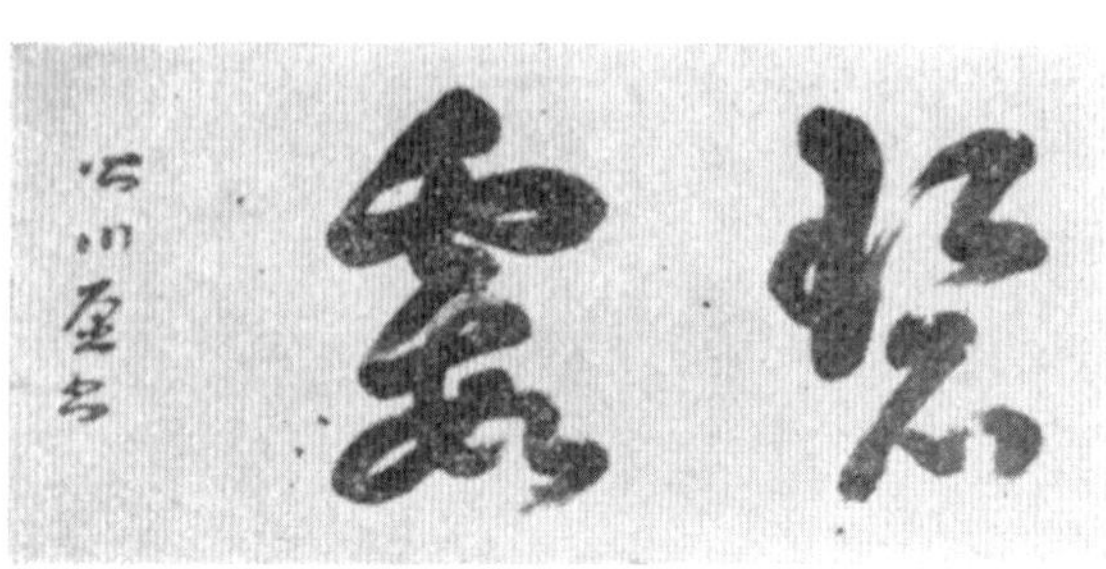

「碧　霞」（皆川淇園筆）

淇園は京都の人、名は愿、字は伯恭、通称は文蔵、号は筇斎、晩年呑海子、明経先生・弘道先生ともいう。書斎を有斐斎、塾を鶴橋楼と称した。伊藤仁斎以後の京都の巨儒として知られ、一生仕官せず、その学は開物学であった。父春洞は骨董商、弟成章は冨士谷家の養子となった著名な国学者である。淇園の門人はすこぶる多く、そのなかには『甲子夜話』の著者松浦静山侯や、公卿の日野資愛など、著名人が多い。元俊が生涯の三異人の一人としたことは既述のとおりである。

元俊はすでに医家として一家をなしていたから、一般の門下生とは異っていた。目的は文章修業で、かたわら門弟の教育や治療にもあたっていた。前掲『赤屠瑣瑣録』にも、元俊は楼上に寓居し、食事のほかは下りず、淇園の講義も聞かなかった。終日端座し、医書の撰述以外は一切顧みず、もっぱら医書を読んで『元衍』の著述につとめ、一紙稿成るごとに淇園に請うて対商した、と述べている。

討論の態度

『行状』には元俊と親友似月次郎八との談論についての淇園の評言が出ている。いわく。「似月が駿馬にまたがり、大長刀を廻して打てかかるのを、小石は坦然として相手にならず、似月がうってかかるのを見ると短刀でちょっととめる。似月は拍手ぬけがして、また馬を乗りまわし、勢いをかえて打ってかかると、またちょっと留める」、と(意訳)。討論で元俊が要点をおさえていたことを、淇園はこのように表現したのであろう。

似月次郎八

似月次郎八のことは『行状』の割註に、伏見の人で名は寅、字は子虎、姓は米谷、号は桃邱または金城山人で、大坂からくる魚の荷付をしていたので、人びとが荷付荷付とよんだところから姓のように用いたという。竜草盧（りゅうそうろ）の弟子で、草盧死後独学していたのを、元俊のすすめで淇園に入門したという。元俊はこれと義弟の約を結び、元瑞が晩年の子であるので、似月にその後事を託した。

似月について若干補足しておこう。彼もまた江戸時代のかくれた町人学者であり、さきにあげた彼の元俊伝（『漢文行状』）をみても、かなりの文章をものしている。小石家には元俊が似月に送った書軸が一点ある。内容は、ある夜元俊と討論したの

小石元俊書（似月次郎八宛）

ち、似月が「雲漢之章」を作り、元俊の評語をもとめたのに対する元俊の讃辞である。元俊はその修辞と議論を賞し、自分の論が順序をふまなかった点を恥じるという意味を述べている。

また元瑞は、似月の『墓碑考』出版につき、その跋を作っている（元瑞の文集中にあり）。元瑞はそのなかで、大要左のように述べている。

桃邱（とうきゅう）先生（似月の号）は父が義兄弟の約を結んだ人で、自分は叔父の礼を以てつかえた。先人没後は厳訓（げんくん）慈誨（じかい）至らざるなく、自分が大過なく今日にいたったのは、先生の賜である。先生は隆鼻（りゅうび）で大口、短軀、声は大きく談論は風発、とくに歴史を喜んだ。先人はその英才を秀吉に比した。先生は華辞（かじ）をさけ実行を主としたから、その著書は時好（じこう）に投じない。この『墓碑考』もまたその一であるが、その考証の的確なる、まさに学者にとって至便の書であるので、先生の門人村上恒夫（医を自分に学ぶ）と図って世に公けにしようとするものである(日付は弘化三年秋)。

と。似月の人物と、元瑞が厚く私淑したさまを物語っている。

既述のごとく、淇園は門人が多かったから元俊もここで若干の名士との交遊をもった。松浦静山侯については後に述べることとして、ここには柴野栗山・岩城清五郎・丁野南洋にふれておこう。

柴野栗山

柴野栗山(一七三六〜一八〇七)は元俊より七歳の年長で、いうまでもなく讃岐出身の、寛政異学の禁の中心人物である。江戸昌平黌在学十二年、帰って明和二年(一七六五)に淇園門に入り、同四年阿波徳島侯に仕えた。その後明和八〜安永四年、安永九〜天明七年と、前後三回滞京した。元俊が淇園に入門したときは江戸におり、三回目の京住から交遊があったものと思われる。『行状』のなかにも、寛政十一年に元俊が元瑞を伴って江戸に行ったとき、すでに天下の名士で容易に書のえられなかった栗山から、十枚ほど書を贈られて江戸人を驚かせた話が記載されてあり、また小石家にある栗山の書翰には、元俊がのち京都に移住する際、栗山が貸家を報じたものがある（本章四参照）。

岩城清五郎

岩城清五郎（一七四七～九〇）は能登七尾の人で、商人であったが学を好み、安永七年淇園に入門、家業を弟に託し、経史を抱えて金沢に出た。不幸四十四歳で没したが、「所口の賢人」と称されたよし。墓誌は友人で弟の師でもある亀井南冥が書いた。後述の天明の大火のとき、元俊は岩城方へ診断に行っていた。

丁野南洋

丁野南洋（一七三三～一八〇二）は土佐の人、淇園門に学び、のち比叡山の僧侶に教授した。元俊が墓誌まで書いているので、その交遊は浅くないはずである。遺著に『鼓山房遺稿』があり、上巻の「獲竜説」に元俊が、金沢の商人が竜を捕えたこと（饅尾金鱗で蛇のようなもの）を話したことと、寛政九年夏谷川のほとりで元俊が淇園とともに作った「異虫記」をとりだして読んだ、という記事がある。下巻には故郷に帰ったことを報ずる元俊あて書翰二通がある。元俊が作った南洋の墓誌「丁君美墓表」（『南路志』巻四所収）をしめしておこう。

丁君美墓表

先生姓は丁、諱は粲、字は君美、南洋と号す。土佐高知の人也。其家世田中氏を以て姓と為し、生薬を販ぐを以て業と為す。其の家に当る者は、常に弥次右衛門を以て通称と為す。父弥次右衛門、本と丁氏為り。来って田中氏を継ぐ。以て其の義女橋本氏と配し、一男一女を生む。男郎君、幼にして岐嶷（すぐれていること）、父経を授くれば則ち能く之を誦し之を服す。過ぐる所暗記せざるは莫し。長ずるに及んで博覧強記、能く文を属す。尤も古文辞に好し。其文は奇古、人難読に苦しむ。君靦然として省みず。父没す。而して君其妻の妹の家人尚政を以て弥次右衛門を襲がしむ。故に君は専ら経史に力むることを得たり。而して其の姓も亦復し、任に某大夫に当る。幾も無くして罷む。始め江戸に往き、宇子迪（宇佐美灊水）に学ぶ。後ち京に来り、我が筇斎皆川先生を師とす。並びに俊才を以て称せ見る。故に輦轂之下（天皇の車のもと、つまり京都）、漸く丁君有るを知られし也。然して君性剛直偏急。且つ潔を好み善く病み、城市に居るを屑よしとせず。山門之学徒の教授為らんことを請うに及び、欣然として応ず。蓋し其性之適う所の故也。享和紀元二月四日病に嬰り、浪華の客舎に没す。享年四十有九なり。其の西郊九条竹林寺に葬むる。山門及び坂本之門人等、其の遺文二巻を刻し、鼓山房遺稿と曰う。世に行なわる。著わす所尚お数部有り。未だ稿を脱せず。故に得ざる也。初め尾関氏を娶って去る。男有り、先ず死す。後ち野口氏を娶る。死して子無し。義弟尚政及び其郷之門人有馬紀・山崎松・山崎佐等相共に謀って碣を其の邦の小高坂山の先塋（父の墓）の側に立つ。余嘗て交わり親しきを以て、其の梗概を録して序と為さんことを請う。其の銘に曰く、父母之国。高坂之巒。維碣斯建。維神妥安。文化紀元春三月、京師末友小石道謹識

三　著書『元衍』について

『元衍（けんえん）』は未完に終った元俊のライフ＝ワークである。東遊のさいにも原稿を携行して大槻玄沢らの批判をうけ、完成に努力したが、天明八年の京の大火で焼失、再度筆を起したが、完成にいたらずして没した。元瑞は後年門弟らに徴して断簡を集めたという。したがってその内容は、他の資料よりうかがうほかない。『行状』にいう。

> 年を経て遂に元衍と云書六十巻を著述あり。其書物には元真と云ふを論じて万物生育の理を明かにし、是（これ）を以て旧説の陰陽を論破し、次に八該（がい）を論じて万物生活の本体を窮め、是を以て五行の実学に益なき事を知らしめ、又三意十毒と云説を立て、八該諧合して人身生々を為すの中より万病を生ずるの理論を説く。一も古人の迹（あと）を襲ふ事なくして、卓識古今に独歩せり。

右によれば、かなり哲学的な著作であり、元俊が心血をそそぎ、旧説を論破する独創的な内容であったらしい。

「元真」と「八該」

ところで、右にいう「元真」とは何か。これを明らかにする記述はない。「万物生育の理を明らかに」するもの、つまり、万物生成の根源をこう名づけ、これによって陰陽説を論破しようとしたのであるが、論破の方法は知るよしもない。ただ「八該」については、元瑞が元俊の門人荻野士貞の塾を「天工堂」と命名したときに作った「天工堂説」に言及しているので、それを紹介してみよう（原漢文）。

これを天地に建てて悖らず、これを人身に質して疑無し。故に八該は天地の経緯なり。人身の綱紀なり。綱紀常を得れば則ち人身乃ち全し。経緯一たび変ずれば則ち天地即ち敗る。八該翕々諧和し、循々輔助す、之を常と謂うなり。諧々毀傷、誖々乖戻、之を変と謂う也。知らんと欲して其れ悖らざれば則ち精思に如くは無し。知らんと欲して其れ疑い無ければ則ち熟察に如くはなし。是に於てか解剖以て詳らかに人屍を視る。解剖直通を為さんと欲せば、要は西洋之学を知るに在り。何となれば則ち我邦及び漢土、其俗文にして慈愛を貴び、是を以て二国未だ此術有らざるなり。

八該とは気・神・膏・水・潮・精・土・金であるという。そうすると、五行説となにほどの差があるのであろうか。五行のうち水・土・金が残り、水に近い潮がある。そのほかの気・神・膏・精は生理に関係がある。自然の循行にかんする四元と、生理学上の四要素とを加え、そこに「八該は天地の経緯、人身の綱紀」ということが出てくる。だが、八該が自然と人体生理との両者に共通するものであるか。

しかし、われわれは元俊の医学思想が陰陽五行論を論破したか、古今独歩の卓識かを論ずる必要はなさそうである。なぜなら、元俊流の理論構造とは次元を異にしたオランダ医学がとりいれられ、江戸で基礎を確立していたからである。だから、オランダ医学においては、元俊の説くごとき、哲学的思弁の必要もなく、いっそう科学的なものに十分の根柢をおいており、元俊の素養は、逆にはじめからオランダ医学に入った人とくらべると、ブレーキになったと考えられないこともないのである。元俊が関西蘭学の首唱者という名誉を担いながら、後述のように、漢方をより多く用いたと思われる点を見ても、その一端は証せられる。もっとも、このことは同時代の蘭方家にかなり共通した点ではあるが。

元俊医学の限界

いっぽう、元俊が独嘯庵から、蘭方の優秀性を説かれたことは、どう関係があるか。これに対しては、独嘯庵の理解した蘭方と、玄白・玄沢の開拓した蘭方とは、技術的に格段の相違があったことをあげればたりるであろう。だから、以上のわずかの知識から、筆者は次のように考えたい。元俊のこの段階における医学思想は、旧派の伝統の上にたってこれを打破しようとする試みで、そこには元俊なりの真剣な模索があり、血のにじむような研鑽――とくに当時の医家が、なお

大槻玄沢の序文

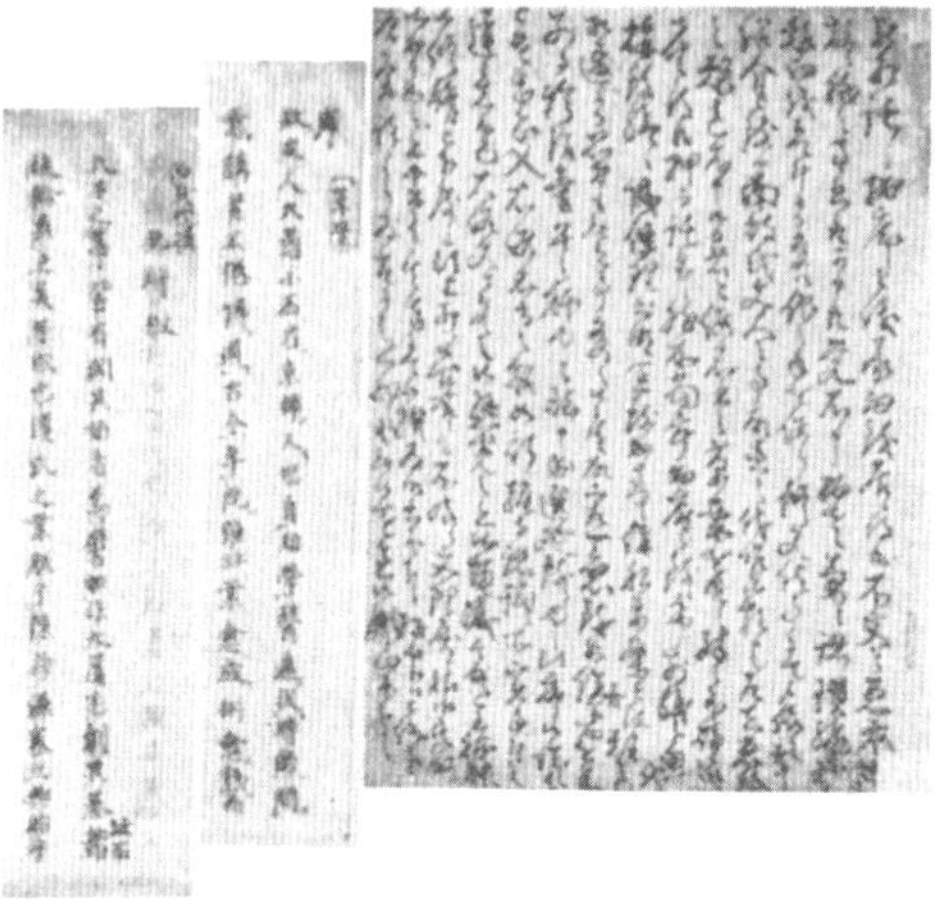

『元衍』序文（左は伯民代構，右は玄沢）と玄沢説明文

多く躊躇した人体解剖をあえてした実証的精神にささえられた研鑽があった。それは、関西の医学界では、高く評価さるべきものをもっていた、と。

そこで、若くより蘭方に入った大槻玄沢は『元衍』をどうみたか、をさぐってみよう。玄沢には二種類の「元衍序」がある。これは後年元瑞が一族・門人間に残っている『元衍』を博捜し、ようやく首巻若干条をえ、元俊門人南部伯民・斎藤方策・飯田玄仲らと再考訂正し、家塾より出版しようとし、玄沢に序を請うたのに対し、玄沢が作ったものである。これは厳密にいえば、玄沢は拙文の愚老、とても作れそうにない、南部伯民は文人だから代作してほしいと、仮名書きの草案を送ったのである。ところが、伯民が代構したものは、出府のさい玄沢に見せたところ、玄沢は、条理は公明だが自分の仮名文とは大分違っていると、意に満たなかった。その後治療に多忙でのびのびになっていたのを、督促されて、漢文に句読点を付したものを送った。玄沢はくれぐれも修正を希望している。これが『磐水存響』所載のもののうちの「故友人大愚小石君京師人也」で始まるものである。これは「草案」と書かれている。もう一つの序文は「伯民代構」とあり、これが玄沢が気にいらなくて付して送りかえしたものである。この三点の文書は一括して小石家に蔵されており、ともに「文政壬子春三月　磐水老人平茂質識二于江都月淵幽居一」とある。かりに前者を「玄沢草案」、後者を「伯民代構文」としておこう。

「玄沢草案」はかなり長文で、元俊の経歴と『元衎』への賛辞が述べられ、ついで次のようにいう。元俊は医術の進歩とともに従来の臓腑経絡(けいらく)の説・陰陽五行の論をすて、人身の常機を明晰(めいせき)にし、疾病の変(へん)故(こ)を論ずるのでなければ空論妄(もう)治(ち)で真医でないとし、『元衍』を

『大槻玄沢覚書』
（文初と玄沢との問答の部分）

述作した。のち『解体新書』を見るにおよび、杉田玄白と交誼をむすび、関西における蘭学の首唱者となったと。「伯民代構文」はこれにくらべると、医術により多く言及している。その部分は次のとおりである(原漢文)。

一日元衍に言及す。乃ち出して示さる。余之を読むに其論宏濶奥遠(こうかつおうえん)、其端(たん)を測(はか)る莫(な)し。而して其の帰するところ喎蘭(オランダ)と暗に相符合するもの多し。余嘆賞して曰く、君喎蘭未だ闢(ひら)けざるの時に先んじて、而も其の見る所此の如し。

所謂文王無くして興るとは、それ君の謂か。

右の重点は、蘭学の興る前に、それと暗合するところがあるという点である。ところが、これよりすこし前の玄沢の懐古談が小石家に残されている（かりに『玄沢覚書』と称する）。これは、いますこし具体的である。『元衍』にかんする分をしめそう（原文濁点なし）。

滞留ノ中元衍ノ話アリテ其草稿ノ二―三巻ヲ見セラレシ事モアリ。玄沢云、其考究ノ論実ニ老兄ノ精研ニ出ル所ナルベシトイヘドモ、悉皆自己独得ニ出ル所ナリ。所謂独知難周トモ聞リ。彼ノ西哲究理ノ如キハ古来精又精ヲ加ヘタル事ト見ユ。漸々此学開ケ、ソレト校スルトキハ老兄ノ是ノ著撰トハ如何アルベキカト云ヒタリ。其時小石氏ノ答ニ、サレバ吾亦其西説ヲ始テ略聞セシ以来、先コノ書草稿ニ属シテ深ク再訂ニ及バズシテ其真説ノ世ニ出ルヲ待ツ。然レドモ斯編数年余ガ意ヲ刻スル所、片時モ身ヲハナサズ。云々

『玄沢覚書』

と。玄沢の批判もなかなか手厳しいものがある。独得のものだが独知難周、西説と比較して如何と斬りこまれたとき、元俊は西説の優位を認めながらも、自分が刻苦した著書に愛惜おく能わなかった光景が髣髴（ほうふつ）とする。のちにも見るように（第四の二）、元俊は『解体約図』を見て、「此学（オランダ医学）を講究せずんば、我説の破れざるを保すべからず」（『行状』）と思ったのである。本書がもし残っていたならば、医史学者は、そこに京都の古医方の到達点を見出すかも知れない。

『元衍』への期待

この『元衍』は知友の間に成業が期待された。亀井南冥も天明四年（カ）七月廿七日付書翰に、別後十年、とくに変ったこともないが、「足下医術御鍜錬之御様子、大著述思い立てらるるの由、何卒御成就成らるべく候」といい、天明六年（一七八六）ころには南冥の子昭陽も、「元演（ママ）は未脱稿に候や、拝見仕度奉レ存候」と期待し、曇栄の『禅月楼集』に、

得二石有素書一賦二此答謝一

久矣校書京北山　竜光練若一窗間
親交聚散同雲変　遠夢東西伴月還
掩室自称摩詰病　覓心誰破老胡顔
君家元衍編成否　何日投来築石間

有素著書有名元衍者未知其成否

と、一詩を詠んでいる。

南冥は前記書翰で、元俊が家庭をもった累（天明三年六月結婚、翌年元瑞誕生）を報じたらしい返事に、「足下は家累之ありと承り申し候、至極結構の事ながら是は大邪魔にて御座候」と、ズバリ同意している。また次男大壮を京住の弟曇栄に託して出家させたことを述べているが、他に参考として重要な二つのことを述べたい。第一は九州・中国の学界の模様である。いわく、三浦安貞とて豊後に老人御座候、もはや七十余に候、此翁七十年之学問、一向右一事に候、追々小生門下に参候に而(て)委(くわしく)承り申候、是は余程面白事に聞申候、御咄合被レ成候へかしと奉レ存候、曇栄も耳熟し被レ申候、御聞可レ被レ成候。

○学問文才は周防徳山役観と申修験、此子先当時之尤物(ゆうぶつ)と被レ存候、外には格別之人も承り不レ申候、只足下家累にては御遊行出来申間敷、御会面申事も出来申間敷哉(や)と、夫(それ)のみ嘆息仕候。

とある。三浦安貞は梅園、『梅園三語』で有名な思想家である。医学にも興味をもち、『造物余譚』では自ら動物を解剖した記録をのせ、顕微鏡にも関心をしめしていた。徳山役観は名は浄観(じょうかん)、号は藍泉(らんせん)・興山、天明五年二月に鳴鳳館祭酒(さいしゅ)に抜擢された。

金印出土

第二は追書に「順堂子金印之字面約諾珍重候」とある。「漢委奴国王」の金印は天明四年の出土である。この書翰は右に述べたところから天明四年と推定できる。

結婚

栗山の周旋

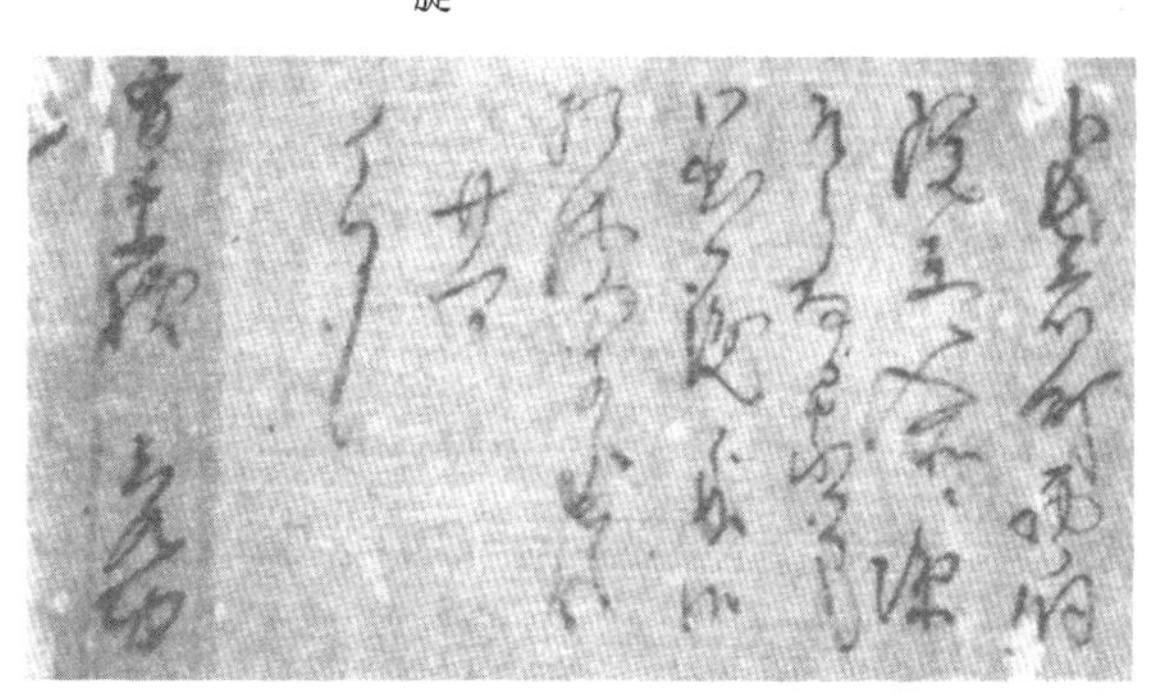

柴野栗山書翰

四　家庭

京都へ移住した元俊は、定まった家もなく、妻もめとらず、医理にのみ心をひそめていたので、周囲の人びとから後嗣がないのは惜しいと、強いて結婚をすすめられた。そこで天明三年六月、四十一歳のとき、志を屈して妻帯し、西洞院出水(にしのとういんでみず)に家をもった。小石家に年月不詳廿一日付の柴野栗山(りつざん)の書翰がある。「下長者町西の洞院東へ入った所に涼しそうな家があるから、見てはどうか」という内容のものである。栗山は安永九年(一七八〇)から京都に移住していたから、家捜しの世話をしたのであろう。

妻と後妻

元俊の妻は小関柔（おぜきやす）で、『家譜』には「京都小関三郎兵衛女、和楽院妹」とある。翌年元瑞を生み、その翌天明六年（一七八六）正月二日に没した。享年不詳。法号は剛室了柔信女蕙性院（しんにょえしょういん）、京都妙覚寺に葬る。のち元俊は亡妻の姉を後妻とした。

長男竜（元瑞）誕生

一子元瑞は天明四年十一月二十日に誕生した。十二月三日付の恩師淡輪（たんのわ）元潜の書翰に「御産婦弥御肥立（ひだち）被レ成目出度存候」とあり、元俊は十二月九日付で左の書翰を出している（淡輪家蔵）。

尚々元朔君事御知せ被レ下、定而（さだめて）今程ニ萩府ニ安在ト奉レ存候。以上。
又寒中御見舞書遅ク相成候ハ書末ニ申候通ニ御座候。御宥恕（ゆうじょ）奉レ願候。以上。

御尊書難レ有拝誦仕候。如レ教厳寒、先生益御機嫌克被レ遊二御座一、御閤（こうか）家御万福、恭悦至極奉レ存候。随而小子家内無事、産婦・小児無レ恙（つつが）肥立申候間、

乍レ憚御掛念（けねん）被レ下間敷候。然者（しかれば）右為（して）ニ御祝儀ニ方（と）金二百疋御樽代・鰹十ヲ被ニ贈下ハ、
忝（かたじけなく）拝受仕候。早速御礼書可ニ指上ニ候処、例年之通寒中御見舞からみ大根可ニ
指上ニト存、申遣し置候ヲ待合居申候処、于（に）レ今不レ来候故遅ク相成リ候。御
高免可レ被レ下候。余ハ周杏（しゅうきょう）生之口ニ附申候。御家内様宜御申上奉レ願候。
先ハ右御礼申上度如レ此ニ御座候。恐惶謹言。

臘月（ろうげつ）九日　　小子道頓首（とんしゅ）拝

淡輪蔀山（ほうざん）先生　玉案下

これは元瑞の誕生の際の師弟の模様をしめすものとして珍重すべき書翰である。注文のからみ大根が遅れたので、寒中見舞と同時に出産祝の礼状を出そうとしたのがおくれたとの意である。ところが、この喜びが、やがて「家累（かるい）」と代るのである。

第三　天明三年の解剖

一　わが国の解剖史と元俊

元俊と解剖

元俊の医学史上における地位は、親試実験の学風のうえにもとめらるべきであり、人体解剖こそ、その中核であり、元俊の医学の神髄も、解剖による知見によってその基礎をきずいたことに注目しなければならない。わが国における解剖の歴史は、すでに小川鼎三（ていぞう）医博によって詳述されているが（『明治前日本医学史』第一巻）、元俊を語る場合、やはり多少ともこれにふれざるを得ない。

儒教道徳と解剖

もともと儒教道徳からいえば、人体解剖は惨忍刻薄として排斥さるべきものであり、人体生理にも陰陽五行説がとりいれられて、医術を非科学的なものとし

古医方

た。ところが、江戸中期の古学の興隆に平行しておこった医学の古医方は、その遡源的学風と西洋の事例にかんがみて、人体の構造究明の欲求をつよめた。熱心な医師は、人体に近いといわれる獺の解剖によってようやく渇を医し、あるいは白骨によって骨格の構造を研究した。

根来東叔

享保十七年（一七三二）、京都の眼科医根来東叔は烙刑（火あぶりの刑）に処せられた二罪囚の遺骨が一ヵ月あまり放置されたのを材料に人骨の構造を観察写生し、説明文を付して九年後に『人身連骨真形図』を出版した。

山脇東洋と『蔵志』

古医方の大家後藤艮山の門人山脇東洋は、宮中の侍医で法印に任ぜられ、養寿院の号をもつ家柄である。東洋は師の教えで獺を解剖していたが、これに満足せずしてついに宝暦四年（一七五四）閏二月七日、門人小杉玄適（小浜藩）らをして刑屍を藩主酒井忠用（京都所司代）に請わしめ、わが国最初の解剖を行った。その場所は近年現在の京都市中京区の壬生の少年院付近らしいことが確かめられた。方法はきわめて簡単で、役所前に莚をしき、屍体をおいて胸部・腹部・下腹部と剖いてゆくのである。執刀は医師でないから、正しくは「観臓」である。この結果五年後に『蔵志』が出版された。二冊八十二葉中、解剖記事は六葉と付図六枚のみであり、その内容は〝粗笨〟であるが、従来の陰陽五行説を論破する医学史上革命的な著書となった。

栗山孝庵

そののち人体解剖はしだいに各地に行われ、宝暦九年（一七五九）には東洋門人の萩の医師栗山孝庵が、自らの第二回目の解剖（女屍のはじめ）で医師執刀の先鞭をつけた。史上有名な前野良沢・杉田玄白らの明和八年（一七七一）の小塚原の観臓は、現在の研究では第九番目にあたる。

山脇家の解剖と元俊

この前後、山脇家もしばしば解剖を行い、その用いた屍体の供養碑は京都の裏寺町の誓願寺墓地にあるが、合計十二名の戒名が記されている。東洋は二回観臓したといわれ、その次男東門（名玄陶、通称道作、字玄侃・大鋳）も、江戸小塚原観臓と同年に第一回の解剖、ついで四年後の安永四年（一七七五）と翌五年にも解剖を行っている。第一回の解剖の成果が『玉砕臓図』で、この図が現在小石家にも保存されている。元俊が、これに関係したかどうかは不明である。元俊は東洋の孫弟子であり、後年施薬院の解屍の図巻に序して、「山脇東海（東門の子）は解屍あるごとに自分をその一員に加えてくれる。自分は勇躍参加し、山脇家の解剖で自分の関係しないものはない」と述べており、天明三年の解屍のときには、自分はすでに百骸を解剖したとまで述べているのであるが、この三回に関係したかどうかは明らかでない（時に元俊の年齢は二十九・三十三・三十四歳）。

ところで、京の眼科医柚木太淳は、その著『解体瑣言』（寛政十一年刊）で、「小石有素四方を歴遊し、解体を為すこと凡そ十余次、其技固より比敵する者無し、具亦珍器多し」と述べており、佐井子璋（号鶴橋）とは解剖技術において併称されたという。また上田元長は『施薬院解男体臓図』序文に「元俊は解体者なり」と述

『近世叢語』の誤謬

べている。この一言、よく真相を伝えているというべきである。

なお角田九華著『近世叢語』（文政五年の著、出版は六年後）や、これをうけた大槻如電著『日本洋学史料』（稿本、早大・京大蔵）には、

是ヨリ先東洋嘗テ罪囚解臓ノ挙アリテ蔵志ヲ作リ、大ニ古説ノ誤謬ヲ正シシガ、元俊ノ説ク所更ニ其異ナルヲ見テ門弟数十人ヲシテ互ニ新古ノ両説ヲ討論セシム。元俊弁析最確ナリ。明年遂ニ又官ニ乞ヒテ罪囚ヲ解剖セシニ、臓腑ノ位置形状ヨリ骨節細微ノ処ニ至ルマデ和蘭説ト少シモ違フ事ナケレバ、東洋及諸弟子、共ニ其真理ニ服セリ。是ニ於テ畿内・中国ヨリ西南諸国ノ人、好デ解体新書ノ信用スベキヲ知レリ（『日本洋学史料』による）。

とある。九華は元瑞と交渉もあったが、年代的に誤りであることは明らかである。『行状』にもほぼ右と同様の記事があり、時期は天明六年東遊より帰ったあとのこととしている。この時山脇家は東海の時代で、東海ならば『近世叢語』の文意

が通るのであり、元俊と山脇家との関係から、ありうることである。解剖によって鍛えた元俊の知識をみるに足る挿話としてかかげておく。

二　天明三年の解屍

当時の元俊『平次郎臓図』

天明三年（一七八三）六月二十五日、元俊は伏見で解剖を行った。この年は元俊が西洞院出水（でみず）に移り、結婚した年でもある。この解剖については『平次郎臓図』なる記録が残されており、元俊の序、吉村蘭洲の模写、橘春暉（しゅんき）の図跋、元俊の「平郎臓図記補遺並小引（しょういん）」からなっている。

『平次郎臓図』という図巻は(1)武田製薬の杏雨書屋（きょううしょおく）、(2)小石家、(3)淡輪家、(4)東大解剖学教室、二巻、(5)呉氏旧蔵、の五種がある。(1)は「平郎」とあり、普通の男という意味だともいう。題下に「天明　年、全文載レ于二碧霞文集一」（現在せず）とある。碧霞は元俊の号。(1)(2)は補遺並小引が途中で切れている。(3)は全文がある旨宮下三郎氏より教示をえた。(5)は解剖図の後半に一致するとのことである。

元俊の序文

はじめに元俊の序文をしめそう(原漢文)。

序(杏雨書屋本は「解体図序」)

治療は用兵に同じ

良医は観臓す

解剖図西洋に劣る

医之未だ蔵を知らざるは、以て其治を用うべからざる也。猶お将の未だ其地利に達せざるがごとく、以て其兵を用うべからざる也。然れども漢已来、医書の蔵を言う者、率ね皆是の誤を妄にす。其治も亦妄にせしむる也。是を以て近時医の稍良なる者は、往往多く観蔵の挙有り。而して恨む所は其の観率ね詳悉する能わず。其の図記する所の籍、之を蛮人剮剝の書に比するに、疎密大いに逕庭あり。則ち其間顧みて多く人をして疑惑を生ぜしむ。此れ安んぞ拠るに足らん哉。是の故に今

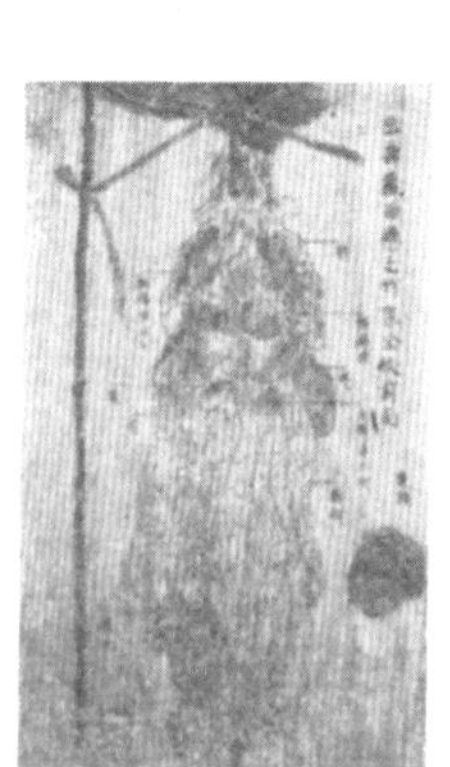

の説明がある。右は内臓

小堀氏侍医の懇請

刑屍を賜う

医其の道に達せんと欲する者、必ず猶多く観蔵に志す。然りと雖ども其の之を得る者甚だ希なり。蓋し其時を得るの至難の故也。

小室(ママ)侯源公侍医吉田玄理・山本元順・盛本立宣及び京医橘東市、倶に志此に深し。而して相共に　公に懇請する者年有り。　公亦其志其請に誠ありて、而して其事其道に益有るを知る也。天明癸卯夏六月廿五日、処刑者有り。乃ち其屍を賜い、夫の四子は以て之を観る。四子乃ち其故旧・同志を召す。其

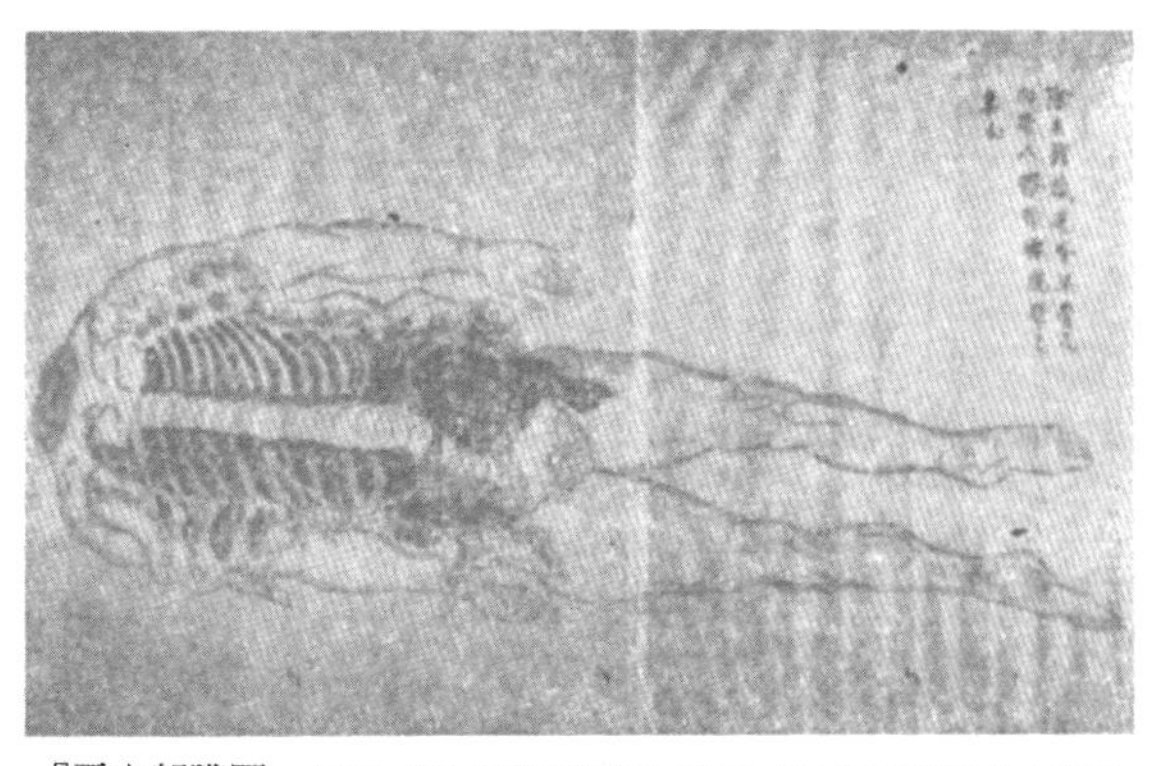

『平次郎臓図』(左は「除去諸蔵見脊染骨及肋骨八膠骨腰臓骨之裏面」を出し竹架にかけたところ)

関係者十二人

観を佐くる者凡そ十二人、其三人は解手為り、又三人は画工為り。又一人は総指授為り。解手一に曰く原田雄伯、一に曰く中川周蔵、一に曰く飯田道安、画工一に曰く吉村蘭洲、一に曰く村上大進、一に曰く槇野周蔵。総指授は則ち余に使しむ。其余佐くる者は則ち盛本音進・楢林祐意及び其子祐輔・稲田友賢・山本令儀、夫の四子と併せて総計十六人なり。相与に共に囲繞して

微細に観察模写

観に臨む。而して解者解き、模者模す。其大は則ち九蔵の位する所、四属の附する所、小は則ち耳目鼻口の通ずる所、脈絡筋骨之連なる所、毫末の微も必ず剖き、蟬翼の薄も必ず模す。是に於てか其の生を作り死を作る所以のもの、其の華を為し悴を為す所以のもの、其の機転動揺・疾痛痾養・病毒癥塊を致す所以のもの、凡そ嘗て以て之を夫の生身に疑有る者は、今之を其死屍に察し、其理猶掌に示す如し。是豈一大奇観と謂わざる可けんや。是

一大盛挙

豈一大盛挙と謂わざる可けんや。嗟乎、天か時か。吾輩今宿志遂ぐるを得。

図完成

而して其道亦将に達せんとす。則ち此挙之我技に関係する所以は、亦曷んぞ小なりと謂わんや。是皆　公之仁徳、物をして其生の致す所を遂げしめ、夫の四子に及んでは其志誠有るの為す所にして、我道の大幸、又観を佐くる者之至慶也。其明年天明甲辰春三月、吉村画く所の写真図成る。図凡そ大小六十有二、毎図別に以て其形状・色沢・大小・軽重を書す。余因て之を観るを得る所之梗概を其巻首に書す。

浪華小石道有素父撰

杏雨書屋本は、末尾の署名が「小石道敬書於京師之僑居」とある。なお本文中の小室侯の源公が藤公、盛本が森本となっている。小室侯は小玉侯であろう。藩主は小堀氏、作庭の大家遠州の系統である。

やや長文にわたったが、解屍の医学に必要なる理由、関係者、解屍の作業の概要を伝えている。

橘南谿の跋

元俊の人物

つぎに橘春暉（南谿）の跋がある。春暉は、治療の完全を期するには観蔵が必要であり、しかも残忍であるから、君子の苦心するところ、治療の失敗を防ぐために屍を官に請い、元俊と蘭洲の援助をえて詳密を期し、もって再び解屍の必要なからしめんため記録と図録を詳細にしたといい、元俊に言及して、「篤実孝謹、尤も医事を善くし、乃ち我の素と兄事する所」の人物で、解屍の用心は君子に近いと述べている（天明四年初春、京都の黄花堂で記した）。

「補遺並小引」

記載の理由

元俊は天明四年十月に長文の「平郎臓図補遺並小引」を書いた。その理由は、序文では隠微・後事や不急不要と思われるものを省いたが、今にして思うと医家の考察に不便である。解剖は惨酷に似て仁術の大きな端緒であるから、のちに解剖する人のために詳細に記録しておくのがよいと考えたからであるという。

小玉侯の用意

はじめに小玉侯（安永七年〜天明五年の間伏見奉行小堀政方）の周到の用意と決断を述べる。侯は解剖は人命を重んずるもの、天下の公道であるとして刑屍を与え、刑場は伏見豊後橋（いまの伏見観月橋）の西、平戸（当時は草原）とし、獄舎わきの花園で斬首、屍体の腐敗を慮（おもんぱか）って直ちに解剖させ、見物人の集まらぬように護衛させた。

解剖の模様

胸部

解剖の当日早朝、関係者十六人は獄舎近くの盛本邸に参集、役人の合図で入門した。解剖は胸部より始まった。「胸肋を排し、心肺に及びし時、其間水有るを見る。凡そ五―六合なるべし。その水清稀（せいき）にして粘滑（ねんかつ）、泡沫（ほうまつ）を作（な）す。余之を怪しみ、其外体を検察すれば則ち陰嚢微腫あり、患水の如き者なり。」そこで旃陀羅（せんだら）（首切人）を呼んで「獄中で咳もしくは腫を患ったことがないか」と聞くと、咳のみだという。「凡そ咳を患う者之後、多くは腫に変ず。腫を病む者之後、多くは咳を発するは、皆此を以て証となすべし。」

頭部

ついで頭部に移る。脳に上下あり、上部は『解体新書』にいう大脳髄、下部は小脳髄である。諸臓腑と脊梁骨（せきりようこつ）の間に大膜管二条あり、上下に直貫し左右にならんでいる（小石本・杏雨書屋本はここまで、以下淡輪（たんのわ）家のものによる）。左は『解体新書』にいう動脈大幹、右は血脈大管である。

特異の四点

元俊は続ける。自分はすでに解臓・観臓したこと百骸に近いが、この人の他人と異なるところは(1)胃甚だ小、(2)肝殊に大、(3)『解体新書』の大機里爾(キリール)（膵臓のこと）が甚だ大、(4)黄脂(こうし)が甚だ少ない、の四点である。思うに(1)は病気のため食が細いゆえか天質か不明である。(2)は天質、(4)は病でやせたからである。

ここで、元俊が図の註記を参照しつつ補遺を書いていることが明らかである。図において、元俊は『解体新書』の大脳髄を指示し、また「胃及解体新書所謂大機里爾倶与(ともにと)ニ小腸一上口相連状(る)」とあり、膵臓と十二指腸が異様に大きい、「小石道按(ずるに)、此人胃甚小異常、然聞ニ之於獄吏一、其人性反饕餮(とうてつ)（食慾旺盛の意）、此可レ怪也」とある。それにしても解臓・観臓が百骸に近いとはどういうことか。これがある程度事実だとすれば、解剖はおそらく現在の知見の数十倍にのぼることになる。しかしこの文の直後に「九臓百骸」とあるから、体内の諸構造とも解せられる。

図巻の精巧と不備

さらに元俊は続ける。凡そ観臓は山脇東洋いらいしばしば行われ、図巻も多く、詳しくないわけでもないが、蛮人の書にくらべると遠くおよばない。この図巻が蛮人の書に匹敵(ひってき)しうるというわけでもないが、「然も山脇氏以来の諸図と相対検せば、則ち其の精密之工、一等を加うるに止まるに非ざる也」と誇っている。

しかしながら、この図巻に忽略(こつりゃく)・遺失(いしつ)の点もある、と元俊はいう。その大なるものは七つである。(1)心臓諸官の通ずる所、(2)『解体新書』にいわゆる門脈の起る所、(3)同じく奇縷管(キリール)の経る所、(4)同じく動・血二脈支別の蔓延(まんえん)する所、(5)同じく神経の終始する所、(6)諸筋の連屈する所、(7)諸骨の総数、である。「余は微細解屍し難き者、枚挙に堪えず、日後甚だ以て憾(うらみ)と為す。願くば後作之挙をまって更に之を詳験せんのみ」と。

日本と西洋との差

『解体新書』は反訳の書であり、これは実験の記録である。元俊の謙虚(けんきょ)の筆に、両者の差異が、ありありとしめされている。それでは、本邦が、なぜ蛮人の精に及ばないのであるか。元俊は、こう設問する。それは俗情の差である、と元俊はいう。「夫れ蛮之国たる、其の人性率ね皆憶度之理を信ぜず、又断截之惨を屑とせず」。異疾あるものは遺言して遺体を解剖に供し、人はこれを罪悪視せざるのみか、勇気ある行為とする。医者も病因不明ならば官に解剖を請い、通常許可される。また医者は医学全般にわたらず、専門に潜心し、一生涯に一―二病をふかく研究するから、後人も信用する。解決困難のものは後世の有志が志を継ぐ。これは建国いらいの習慣で、解屍のごときも精密を加うるのである。ところが、わが国はこれと異なる。「憶度知と為し、実験愚と為し、高談仁と為し、断截惨と為す。勇有りと雖ども往顧みず。之を為さんと欲する者、観臓又官之を允すこと希なる所」、だから一日で九臓百骸を見なければならず、解剖の傍ら模写して後世に残すことも考えねばならぬ。これ本邦の蛮人より粗なる理由である。

このように元俊は、医家の言うべくして言いがたい点を、自信をもって道破している。それは封建教学にたいする批判であり、実証的精神のしからしむるところである。

解剖日数

最後に元俊は、炎熱下の一日作業について述べる。解剖の前日、関係者は屍体の敗壊をおそれて一日で終了するよう相談した。解剖は「運刀の時に当り、則ち一剖一観、一割一模、竟(つい)に日晡(じっぽ)(夕暮)に至」った。色沢は少し変ったが、臭気は鼻をつくにいたらなかったという。従来の解剖も、大体一日で終えたようである。文化九年(一八一二)十一月に京都で稲村三伯門下の藤林普山・小森玄良らが解剖したときは、二日をかけている。また文政四年(一八二一)十二月の小森主宰の解剖は一日であったが、百二十余人が参加、主宰六名、助刀五名の多数で、分業的に解剖して成果をあげている。

関係者の略歴

これ以後は、解剖関係者の小伝と祭典の記事が続く。「小引」にあたるのであろう。解剖関係者は後世忘れられやすいものである。その配慮の深切をみるべきであるが、ここでは略記にとどめよう。

吉田玄理は近州小室の人、世々藩の侍医で、藩侯に寵遇されたが、自らその技に満足せず、「将に図して源に溯らん」として三子に謀った。山本元順は伏見の人、内科で法橋となり、小堀公が伏見奉行となるや厚遇され、のち侍医となる。人身内景の説に疑をもっていた。盛本玄宣も伏見の人、鍼術・内科に長じ、元順同様の経路で侍医となった。固有の経脈を明らかにするため参加した。橘東一は伊勢の人、大坂に客遊数年、元俊の友となり、伏見に寓居して公に厚遇され、大坂から京都へ移った。元俊も京都に移ったので、旧友として解剖を助け、事を主宰した。彼は少にして医に志し、一家言を立てようとしてこの挙があった。

橘東一は南谿として有名。旅行を好み、旅中の見聞『東遊記』『西遊記』は、当時の社会情勢を知るに貴重な著述である。

つぎに助手役の三人である。原田雄伯は長崎の人、南谿と交遊があり、外科に巧みであった。京都に住み、かつて解屍を願い出ること三度、また舶載の解剖具をもち、解剖に長じ、解手として刀手を激励し、自らもメスを揮って妙技を発揮、解人を感服せしめた。中川周蔵は京師の人、元俊の友人のゆえに観者としたが、雄伯を助けて自らもメスをふるった。飯田道安は岩国侯侍医、京師に遊学中で、元俊と親しく、観者となったが道安同様雄伯を助けた。

画家

最後は画家である。吉村蘭洲は京師の人、元俊は友人の画家島士通に相談したところ、蘭洲を性周密、描画着実のゆえに推薦した。公に献じた画巻や観臓諸子の蔵するところ、みな蘭洲の筆になる。村上大進は京師の人、蘭洲の知人で助手として来た。家蔵の「解体白描図」は大進の描くところである。槇野周蔵は伏見の人、他は不詳。

祭典

元俊は最後に祭典について述べる。解体の翌日、南谿は伏見の人平子虎（しこ）（似月のことか）に祭資銀をわたし、子虎の家で平次郎の霊を祭った。子虎の師で、もと唐

津侯大夫、故あって退職し伏見に隠退した奇士水野学丹を招いて坐禅摂心した。学丹の偈（げ）は、

今日頽廃（す）　這（この）老賊　尽（し）レ臓（を）尽（し）レ腑（を）遇（う）ニ裂開（に）一
従（より）レ有ニ那陀現身手（の）一　従前（の）臓物還（って）レ我（に）来（る）

右大意は、死刑にあったこの老賊は解剖になったが、那陀（那吒。仏教を守る神）の慈悲によって、解剖された臓物も、後に治療に役立てば幸いであろうというぐらいの意である。

納骨

解体の翌年、諸子協力して納骨した。資金は黒谷金戒光明寺塔頭（たっちゅう）光徳院にすすめ、霊牌を作って祭の絶えぬようにした。僧は「恵消」という法諱（ほうき）を作った。これ観臓諸子が平次郎の魂を慰め其徳に謝するの微志である。

記録の重要性

以上が解剖の記録である。なお、刑死解体後の祭典は山脇東洋いらい行われたようで、その伝統が今日の大学における解剖祭である。また右記録から、われわれは次の事項をよみとることができる。第一に、元俊がこの解剖にいかに心血を

そそいだかである。そして、些末の点にいたるまで、後人の参考としてしるした点は、もゆるがごとき学究的精神をまざまざとしめしてくれる。そして、それは第二に、当時勃興しつつあった実証的精神の一典型とみられ、またそのなかに、封建的思惟(しい)への批判を寓していることを見逃してはならない。ついでながら、吉村蘭洲は円山応挙に兄事し、その子孝敬は応挙に師事した。応挙の写生の精神は、医学においては親試実験の精神である。したがって、この図巻は医学と絵画の実証的精神の複合の産物とみなすことができる。

第四　江戸蘭学との交渉

一　杉田玄白・大槻玄沢との出会い

『行状』の記事

はじめにこの章を概観する意味で『行状』の記事をかかげておこう。

是(妻の死のこと)より先き、江戸の杉田玄白が著す所の解体約図と云和蘭医学解剖の書始て印行す。先考一見して思はれけるは、余の学精微を極め、眼千古を空すと雖共、独嘯庵先生も申さるゝ如く、医理の精しきものは和蘭実験の説也。此書略説と雖ども其的実かくの如し。此学を講究せずんば、我説の破れざるを保すべからずと思はるゝ内、又解体新書出るに至りて、東遊の志あれども、妻子の累にて急に遂る事能はざれば、栗山先生に託して書を玄白に寄せ、屢往復せらる。乙巳(天明五年)の秋の比、玄白侯駕陪従の帰路、京え出られし時、三―五日の滞留の間も日々往きて討論し、他出せらるれば其先々へまで尋ね行かれし程の事なりし。此年先妣没せられければ、竜の外には累もなければ、其志止べからず、遂に天明六年丙午九月竜を外家に託し、書籍・家具を知音の家に託し、門人真狩元策(但馬の人)を召連れ元衍を首に掛け、但二人江戸に遊び、前野良沢・杉田玄白・中川淳庵・石川玄常・加川元厚・今井松菴(博洽の人にて庄内侯の医官なり)・大槻玄沢輩と其説を討論し、大槻先生の宅に寄寓し、蘭説講究の間は、傷寒・金匱・温疫論などを講じて、諸子に諭されける。右等の諸子は、皆侯家の医なる故に、其侯の診を請ふもあり、町家の者も聞伝て治を請ふも有、かくて明年丁未伯玄(玄白の養子)を伴ひ京に帰られける。

『解体約図』は新書の前年、安永二年の刊行。柴野栗山を介して玄白と文通云々は確証がない。前掲の『玄沢覚書』には、「大愚先生解体新書世ニ行ハレシヲ見テ其説ヲ奇トセラレシハ安永ノ末天明ノ始ニテハアラズヤ。其証ハ天明卯辰（三―四年）ノ頃ニヤ、遙ニ杉田氏ヘ音信ヲ通ズル事アリ。是栗山先生ヲ介セラレシヤウニモ覚ユ」とある。大体、『行状』のこの部分は、『玄沢覚書』を基礎にして書かれている。栗山は安永五年〜九年までが三度目の江戸滞在で、以後天明八年幕府に召されるまで京住、ゆえに栗山が玄白に文通するのに託したのであろう。なお、江戸で会った蘭学家が多く書かれているが、中川淳庵はすでに元俊東遊の年の六月に没している。

『蘭学事始』の記事

ここで注目すべきことは、『解体約図』、ついで『解体新書』の刊行に、元俊が自説の破れんことをおそれたことである。そのために玄白に文通で質問し、さらに玄白入京のさいも、熱心にそのあとを追うて、議論したのである。玄白はこの際のことを『蘭学事始』に述べている。

翁因より（元俊は）相識れる人にあらず。彼れ始て「解体新書」を読みて千古の説に差ひし所を疑い、親ら観臓して斯書の着実なるに感じ、爾来深くこれを喜び、翁へ書信を通じて猶其解し難き所を尋問せり。天明五年の秋、翁、侯家に陪して其国に罷りし帰路、上京せし時、滞留の間、日夜来て問難したり。

と。

玄沢の訪問

玄白と会ってのち、約一ヵ月して大槻玄沢が長崎行きの途次元俊を訪ねた。玄沢はこの二年前、『蘭学楷梯』を完成（出版は天明八年）し、蘭癖大名福知山の朽木昌綱の支援で待望の長崎遊学の途に上った二十九歳の新進気鋭の学者であり、元俊は四十三歳であった。この訪問について、玄沢は前出の「元衍序」で言う（原漢文）。「天明乙巳の秋（五年十月）、茂質（玄沢のこと）崎陽に遊び、旧君（元俊をさす）道を学ぶの篤志深切なるを聞き、因って往還共に其廬を訪ね、以て交誼を締ぶ。而して旅次倉卒、未だ斯道の深浅を論ずるに及ばず」と。玄沢が「千里の交あり」と述べた木村蒹葭堂宅には十月二十四日から十一月六日まで滞在しているから（『蒹葭堂日録』）、元俊訪問はこの数日前である。

玄沢は長崎で遊学半年、通詞本木・吉雄らに師事し、帰途再び蒹葭堂を訪ねて天明六年四月十五日〜二十一日の間滞在しているから、二十二―三日ころに元俊を訪問したものと思われる。元俊は既述のとおり、この一月に妻を失っていたから、東遊の志が湧いていたころである。おそらく玄沢と東遊の打合せを行ったことと思われる。やがてこの年の九月、東遊の途につくこととなる。

二　東　遊

『蘭学事始』の記述

元俊の東遊について、杉田玄白は『蘭学事始』にいう。

其後は東遊し、玄沢が僑居を主とし、在留一年に近く、毎々社中と此業を討論せり。蘭学とては為さざれども、帰京の後其塾に於て出入の諸生徒に「解体新書」を毎(つね)に講じて其実法を人に示せしと。これ関西の人を誘発せしの一ツなり。

と。右の「一年に近く」は半年であり、「蘭学」はオランダ語学習の意である。

一年間滞在の予定

東遊について、出発までの状況をしめす資料は三つある。第一は、八月二日に元俊が師の淡輪元潜にあてたもので、前半の本文が切れている（淡輪家蔵）。追書だけしかないが、そのなかで元俊は元潜門人杉野の東遊に言及して、

何分小子江戸江参上仕リ候上、一年モ居リ候積リニモ相成候而、彼生修行ニモ宜御座候ト奉レ存候ハヽ、彼地ヨリ申越シ可レ申候。

と述べている。それについで、「病後甚疲労」とあるから、出発前に病気をしたようで、それがため出発が九月となったのであろう。最初は江戸滞在が一年の予定であったことも、これで明らかである。

この書翰は第二回の東遊の際のものとも思われる（出発は八月）が、第二回は滞在期間が一月余であったから、第一回のときのものと推定した。

奥羽遊歴の意図

第二は、八月二十四日付の皆川淇園（きえん）の「送ニ小石生東遊一詩序」（『淇園文集』後篇巻之三）である。淇園は元俊の医名と入門のことを語り、ついで「今茲（ことし）生年已（すで）に四十余、復（ま）た将に東遊、江戸を経て奥羽諸名山川を探り、因て北のかた北海を観んと欲する也」と述べている。前出資料の一年も滞在したいという考えのなかには、その間に奥羽にまで足をのばす予定があったのであろう。それが半年に止まったのは、出発前の病気に関係があるように思われる。『行状』にも四十余より奇病があって、風を悪（にく）んだとしるされている。

曇栄の書翰

第三は、曇栄が長松丈室（じょうしつ）（伝不詳）にあてた八月廿六日付の紹介状である。内容は知人元俊が東遊する。面識のある家に滞留するが、万一旅宿非常のこともあらば投宿を願う。また訪問したならば一―二日は泊めてもらいたい。「同人事随分慥（たしか）成ル人物ニ而、医術修業一遍」のもので、河州法厳比丘（びく）（慈雲のこと）とも別懇である、というのである。

京都出発

さて、元俊は一子元瑞を外家(がいか)に託し、門人真狩(まがり)元策を伴い、『元衍』を首に掛けて九月京都を出発、江戸に着いて玄沢の家に滞在した。江戸滞在間のことは『玄沢覚書』に詳しいので、前掲の続きの箇所を左に掲げておこう。

大槻宅に寓居

翌午歳(うまどし)門人某ヲ召具(し)シテ東遊シ、杉田家ニ来ル。此時玄沢長崎ヨリ帰リ、始テ本材木町五丁目ニ僑居(きょうきょ)シテ、主従ノミ在リテ未ダ家族ヲ郷里ヨリ召(シ)呼(ブ)ニ及バヌ故ニ、杉田氏ノ計ヒニテ小石氏師弟ヲシテ玄沢ト同居タラシム。コレハ其志ス所ノ西説モ日夜討論ニ便ナルベク、且嗣子伯元ヲ託シテ其諸説ヲ受シメントテナリ。故ニ杉田氏ヨリ月俸ヲ送リテ玄沢ヲ助ケ、且三士ヲ養ハシム。

西説議論

是ヨリ時々新書ヲ始メ、西説ノ議論虚日ナカリキ。又日ヲ定テ小石氏傷寒論・金匱(きんき)要略・温疫論ヲ吾党諸子ノ為ニ講ジ、又産論ヲ読テ(賀川)子玄子流ノ諸術ヲ伝フ。

往来談話の人々

其間杉田氏ハ因(も)トヨリ、石川玄常・加川元厚等ノ諸子ト往来談話アリ。其中侯家ノ診療ヲ請ヒシコトモアリ。サテ庄内侯ノ医官今井松庵ハ博洽ノ学医ニシテ天性究理ノ学ヲ好ム。小石氏ト必ズ其調合スベキ事ヲ玄沢察シテ為ニ紹介シテ出会セシム。一タビ是ニ接スルヤ果シテ同調ニシテ其議論互ニ意ニ適シ、毎々往来ス。此時松庵病ニ臥ス。其富家ノ病家ヲ以テ小石氏ニ託スル者モアリシホドナリキ。互ニ其益友奇遇タル事ヲ喜ビ、又互ニ其志ス所ヲ発揮セシ事アリシヤウニモ見エタリ。翌未ノ三月ト覚ユ、京ニ帰ラレタリ。此時杉田伯元モ同伴シテ堀川ノ栗山ノ塾ニ入ルヽ事ヲ託サレタリキ。皆真狩生記憶スル所タルベシ。（中略。この間『元衎』について、本書五九ページに引用）此度ノ東遊モ全巻ヲ頭陀袋ニ入レ東下シ来レリ。嘗テ江戸ハ火事繁キ所トキケバ吾出ル事アレバ門人ニ命ジ、急遽ノ変アラバ汝他ヲ顧ミズ此袋ヲ持退ケト常ニ示シオケリトナリ。其旅途モ門人ノ襟ニカケシメ往来セラレシトナリ。

とあって、江戸における元俊の動静を、ほぼ尽している。玄白の日記に『鷧斎日

『鶴斎日録』の記事

録』があるが、天明七年よりはじまっているので、前年末は不明のうえ、記事も簡単である。それによると、元俊は天明七年の正月十二日と三月八日の二回玄白宅を訪れて宿泊し、三月十五日に帰京の挨拶に来り、翌十六日に玄白の養子伯元を伴って西帰の途についたこと、および伯元から三月二十三日に小田原発信の、四月五日に島田発信の書翰をうけとっていることが明らかである。四月六日は元俊が帰郷した日である。

天明六年といえば、江戸の蘭学が草創期をすぎて、ようやく発展期に入ろうとする時期であり、草創期の先覚はなお多く在世したころであるから、裨益(ひえき)するところも大きかったと思われる。

『六物新誌』の跋

元俊は江戸滞在間、玄沢の『六物新志』の跋文を書いた。「天明六年丙午十一月、西京大愚小石道書ニ於江都之寓居一」の奥書きがある(静嘉堂文庫蔵)。本書は玄沢が長崎行きのさい蒹葭堂に依頼したもので(『盤水存響』)、翌天明六年『一角纂考』とともに蒹葭堂に送り（同書序文）、両書とも蒹葭堂が出版した。元俊の跋は、用兵に間（間者のこと）と相（土地感か）があれば、あやまりなく攻撃点に達し、あるいは不意に乗じ、あるいは無備を撃つなどの六奇があるように六物（ウニコール・サフラン・ニクヅク・ミイラ・エプリコ・人魚）も本書によって内容を知ることができると述べ、自分の医事に言及して、

余の医事に於ける、古今謬惑之論を排斥して以て一家を樹立せんと欲す。是に於て元演の作有り。然れども未だ欧羅巴州諸医の見る所を知らず。故に来って江都蘭学家之巨擘に叩く。

と東遊の目的を叙し、本書によって玄沢の造詣の一端を窺うに足り、また大いに世に裨益するものであることを述べている。元俊は兵法の心得があったので、用兵と医事を対照して述べたと考えられる。

玄白が五月五日付で元俊に出した書翰（この前にもう一通出したが、小石家に残っていな

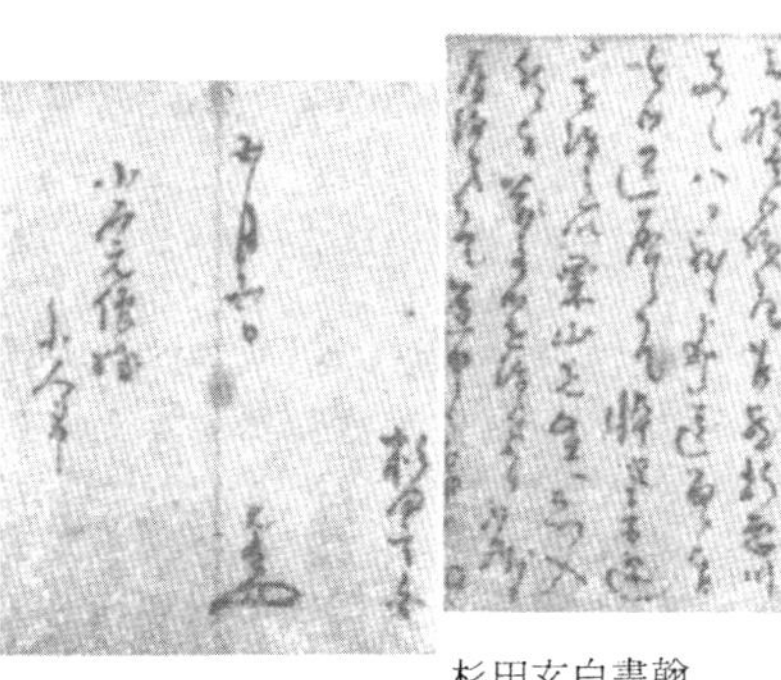
杉田玄白書翰

い）は帰路の状況や伯元および玄白自身のことにふれているので、紹介しておこう。

尚々折角御自愛御凌可レ被レ成候。先達て書状差上申候、定て相達候半（わん）（と）奉レ存候。御住居相定り申候者（はば）被ニ仰知一可レ被レ下候。くれ〴〵此上共倅（せがれ）事御心添可レ被レ下候。何分御願申上候。且又御咄被レ成候癩之方は如何御手に入申候哉、左候バ何卒御伝授被レ下度奉ニ願上一候。以上。

一筆啓上仕候。逐日向暑に相成候得共、愈御安康被レ成ニ御座一候哉、承度奉レ存候。先以去ル頃ハ長途無ニ御滞一、去月六日御帰京被レ成候旨、倅方より申越、委承知、珍重御儀奉レ存候。乍レ然折悪川支にて八日程も被レ成二御逗留一候旨、嘸御退屈と奉レ存候。倅義も早速御世話を以栗山先生へ御門入仕候旨、万事御世話之儀共と不レ浅辱次第奉レ存候。道中も厚御面倒相成候段は、一々申越、御懇情不二忘却一、大悦至極奉レ存候。伯元方よりも何分宜敷様御礼申上呉申候様願申越候。於レ私も筆紙難レ尽奉レ存候。玄真老にも御世話相成候由、是亦宜御礼奉レ願候。

一、先生御住居如何、其程は相定申候哉。御療用も逐々御繁多被レ成二御盛一候儀と奉レ存候。私もいつも〳〵用事にて不レ得二閑暇一、困り罷在候。御立前入二御覧一候叔父に被レ頼候書も大方卒業仕候間、近日よりケ之本道(内科のこと)書手を懸可レ申奉レ存候。左候バ面白キ事も出可レ申候。見当り次第逐〳〵可二申上一候。先御着御悦一通申上度、如レ此御座候。且乍レ序倅御世話相成候御礼も申上候。家内者も同様申上候。恐惶謹言。

五月五日

杉田玄白
翼（花押）

小石元俊様
参（まいる）人々御中

右によれば、帰途大井川の川止めで八日間ほど逗留したこと、帰来伯元の栗山入門を世話したこと、宇多川玄真も世話になっていること（この点不詳）、玄白も多忙であるが、叔父（従弟吉村辰碩（しんせき）か）に頼まれた本も近く卒業（天明七年稿の『後見草（あとみぐさ）』または年次不詳の『大西瘍医（ようい）新書』か）、近日内科の研究に入ることなど近況を述べ、新知見あらばしらせてほしいと依頼している。江戸・京都の蘭学交流の一端をしめす書翰である。

帰京後の住所

右には元俊帰京後の住所が、しばらく確定しなかったらしいことを述べている。『行状』では元瑞を外家に託し、知人で秋田藩の用達山下惣左衛門の家に寓居し、大坂道修町に寓居したこともあると伝えているが、『鶴斎日録』のこの年七月二十四日の条に「小石元俊宅大坂道修町御霊前筋□(欠)入北側」とある。道修町は現在も大阪の医薬商の集中している道修町のことである。『漢文行状』では、元俊は西帰後京都にいたが、大坂の旧知の請により五月大坂に還り、九月また京都へ帰ったとある。ここで元俊は『元衍』の刪正(さくせい)にも従事していた。

『玄沢覚書』の記事

なお『玄沢覚書』には、つぎのような事実を伝えている。

サテ此度京エ帰ル。余嘗テ思フ。京地ハ閑静ニシテ著述ヲ事トスルニハ極テ宜(よし)トス。然ルニ先ヅ暫ク大坂ニ局ヲ転ゼズンバアルベカラザル事アリ。同所ノ師家淡輪(たんのわ)ハ実ニ吾少壮来ノ恩人ナリ。今ハ則亡(な)シ。而其嗣未ダ微弱、吾代ツテ是ヲ助ケズンバアルベカラズト語ラレキ。果シテ帰洛ノ後、日ナラズシテ大坂ニ移ラレシトキケリ。爾後寛政ノ頃独嘯庵(どくしょうあん)ノ息永富数馬五島ヨリ東下シテ玄沢ガ家ニ往来有シトキノ話ニ、此度京ニ上リテ小石氏余ヲ取扱ヒノ深情誠ニ感服セリ。且大坂ヲ去テ再ビ京ニ移ルトキ黄金――金ヲ淡輪家ニ贈リ、又某氏ノ縁家ニモ幾個金ヲ贈リタリ云々ノ話アリ。其資性ノ忠実ナルニハ其時モ驚嗟(きょうさ)シタリキ。

と。元俊の〝資性の忠実〟をしめす佳話である。ただし羽倉敬尚氏によれば、淡輪元潜は文化五年（一八〇八）に没しているので、右の「今ハ則亡シ」は正しくない。

三　木村蒹葭堂と元俊、付　岡本尚卿

両者の交遊

浪華の奇人木村蒹葭堂と元俊との交遊は、元俊西遊以前であったこと、すでに指摘したとおりである。蒹葭堂の日記『蒹葭堂日録』は安永八年（一七七九）よりはじまるので、初対面よりは、かなりのちである。この年の十一月二十七日に、

能州わ島島崎元駿京小石元俊同宿過訪(かほう)。

と、元俊の名がはじめて見える。それ以後元俊の名は見えず、東遊より帰っての

ちは急激にふえる。元俊が大坂に寓居したからでもある。すなわち、天明七年帰京し、大坂移住後は、四月十三日・二十一日（江戸蔵前中村清左衛門手代次介小石元俊殿書状持参也）・二十三日（中食を出す）・五月二十二日・六月十三日・八月二十八日（小石元俊へ行、小石宅で岡本尚卿）・九月二十七日・十月六日である。

蒹葭堂の略伝

木村蒹葭堂（一七三六〜一八〇二）は坪井屋吉右衛門と称した大坂の造酒家で、密柑酒で有名であった。名は孔恭、字は世粛、通称は太吉郎。財と才とにまかせて諸学に通じ、学者の大坂に来るものは、ほとんど彼を訪ねたという。天明八年（一七八八）十二月、家業をまかせたものが酒造定額の新令にふれて処罰され、そのため寛政二年（一七九〇）に破産、一時伊勢長島の領主増山雪斎の招きで同地に行き、寛政五年帰坂、六十七歳で没した。没年に大坂へ来た滝沢馬琴は日記に「大坂は今人なし。蒹葭一人のみ。是もこの春故人となりぬ」と記した。書翰は数通小石家にある。独得の読みづらい字である。

兼葭堂の書翰

兼葭堂の書翰で、元俊宛の第一は六月十九日、元俊帰洛後のもので、その頃の元俊の模様をうかがうに足りる。時候の挨拶についで、「寔先頃ハ参候(六月十三日のこと—山本)仕候而緩々得ニ御意一大慶仕候」と往訪の礼を述べ、大要次の三点について記している。第一は南紀の老僧が吐の虫になった(虫を吐いたことか)ので、珍しいから記事を添えて呈上する。第二は約束した桂川氏の蛮薬記事(甫周の著か)を験出すれば珍話もあろう。第三は『六物新志』も近々相願いたいが、目下多用であること、である。最後に江戸からの書状(既述四月二十一日)の礼である。なお兼葭堂はこの年二月末伊賀を経て伊勢参宮、三月上旬増山雪斎に会い、同下旬京都を経て帰坂した。

第二の書翰は八月十三日付で、元俊の書状に対し粗答のみなのを謝し、近来窮迫のこと、『六物新志』は来月上旬までに完成予定で、全部終れば連絡のうえ近々参候御礼申上げるとある(この点より天明七年と推定)。八月二十八日の元俊方訪問がこれにあたる。

以上二通の書翰からも、両者の親密な交際を想像することができる。日録にも元俊のことはしばしば記録されているが、さらに後にもう一度ふれる。

岡本尚卿

ここで、既述の天明七年八月二十八日、蒹葭堂が小石元俊を訪ねたときに、岡本尚卿に会ったことが記されていたが、その岡本尚卿についてふれておこう。『行状』では、すでに記した似月次郎八と、大坂京橋堀の干鰯(ほしか)問屋の鍋屋五兵衛と、この岡本尚卿(『行状』には尚綱とある)の三人が、元俊が義兄弟の約を結んだ人として、名があげられている。そして岡本尚卿は「播州御着の産にて、浪華にて張業して医も相応に被ㇾ行しが、外に便とすべき人もなしとて、父の習斎と云(ふ)人より頼まれ」て義弟とした。尚卿は先だって死んだので、未亡人の世話より養子のことまで、元俊が取計らった、と記している。

父習斎の書翰

小石家の書翰控えのノートのなかに、岡本習斎のもの二点、尚卿と思われるもの一点がある。習斎の二点は、年次は不詳であるが、元俊の結婚以前のもので、十一月四日と同月十四日のものである。それによると、前者は尚卿の縁談がもちあがり、親戚もとやかくいうが、足下が未婚であるから、順序としてもどうかと思う。本人もそのつもりで、一向に打ち捨てておいたが、近頃播州の中谷惣から是非にというので尚卿に聞かせたところ、足下に相談するとのことで、よろしく頼むというのである。

後者は、おそらく同年のものであろうが、今月九・十日の両度元俊からの書翰を受けとったことを記しているから、おそらく尚卿が元俊と結婚の相談をしたことにたいする連絡であろう。これによると、元俊が尚卿の婚儀の祝儀として五明（ごめい）（扇子）・御樽（酒樽）・肴料・帯地一筋を送ったよしである。そのなかで「兄弟之間柄ニ候ヘバ内証分と奉ㇾ存候而、みちよりも態ゝ粗末之品ヲ以御祝詞申上候事ニ御座候。併（し）兄弟之間厚（く）御悦之上、却而（かえって）過当之御賜ニ候得バ随分難有」くと述べ、くりかえして、親戚が喧ましくいうので、元俊よりさきに結婚せざるをえなくなったことを述べている。両者の親密な関係が明らかである。

尚卿の書翰は、賢息や御家内様によろしくとあるから、元俊結婚後のもので、内容からすれば、尚卿の仕えた藩主を元俊が診察したものらしい。「此間は遠路御出坂被レ下、緩々拝顔、寡君事も御診察被レ下、御老躰難レ謝」とあり、城内万事不行届きで、（主君よりも）厚く挨拶するよう申付けられた。御案（方処）は近日認めて下さるとのこと、承知したというのである（十一月十四日付）。岡本尚卿は、天明八年に没した。そのとき、元俊は深切に看病した（次章一参照）。

第五　大坂在住間の事蹟

一　天明八年の大火

能登へ往診

天明八年（一七八八）正月、元俊は四十六歳の新春を迎えた。この月能登七尾の旧友岩城清五郎が病にかかり、元俊に診察を請うた。支度には何日ぐらいかかるかと尋ねられると、元俊は行くときまれば明朝にでもと答えたので、岩城は気持のよい人だと人に語ったという。七尾行きについては、とくに記録は残っていない。

京都大火

元俊七尾へ往診中、一月三十日に京都で大火があり、皇居・二条城も炎上し、天皇は難を下賀茂、ついで聖護院（しょうごいん）に避けた。あたかも元俊は著書・家財道具を山下方に預け、その倉庫に入れてあったが、ことごとく焼失し、『元衍』までも灰（かい）

燼（じん）に帰した。元瑞は外家にあって火災にあい、西京に避難した。

元俊帰洛

元俊は程なく帰洛、外家の一族、外母（のち妙説）・亡妻の姉妹（琴と三保）をつれて大坂に移住したのであるが、『元衍』の焼失を人々が惜しんだのに対し、元俊は自分の著述が、まだ精微を尽さなかったので、天が改作させるために焼亡したのであろうと、自若として答えたという。しかしこれは、元俊にとって大きな衝撃であったことは、いうまでもない。

小田亨叔の書翰

この年五月ころ、元俊は旧友小田亨叔（こうしゅく）に近況を報じた。亨叔は九月十五日付で返信を出したなかに大火に言及、『元衍』の焼失を惜しみ、「天之所為可ニ奈何一（いかんともすべき）様無ニ御座一候。此段は大兄之御事なれバ勿論御安じも可レ被レ成奉レ存候」と述べ、ついで岡本尚卿（しょうけい）の死と元俊の親切な看病を謝し、また老母の死と、仕官ゆえに看病もならず、元俊が両親に孝養を尽しえたことを羨望（せんぼう）の念をもって叙し、江戸の大槻玄沢の近況を、

玄沢の近況

大槻玄沢無レ恙候。毎時会面之度ニ大兄御噂仕候。此節も新書会御座候。六物新志もはや梓行仕候哉。薦志修文被ニ相頼一先日来取懸り居申候。

と述べている。元俊の友として亨叔も玄沢と交際があり、玄沢著書の修正にもたずさわっていたことが明らかである。

淇園との交渉

先師皆川淇園とも引続き厚誼を重ね、小石家にかなりの淇園の書翰がある。年次の考定は困難であるが、淇園は『元衍』完成に激励を惜しまなかったし、治療についても元俊より種々便宜をえていた。また医学修業の書生を元俊に託したこともあった。例えば、

高松平格殿舎弟亀松殿全体医業を望ミ候而山脇翁へ入門被レ致候処、講授も無レ之、修業埓明不レ申候段、何卒貴家へ御願申くれ候様平格殿より被ニ相頼一候て御願申上候。（七月十二日）

のごときで、大火以前のものと思われるが、東洋死後の山脇門の内容を窺うにた

りる。また門人で紀州の徳田厚純なる人物を、大坂に滞在するゆえに元俊に託した(三月五日)。宛名は「大坂籠屋町坂本町小石元俊様」とある。年代の明らかなるものは、寛政五−六年の交、淇園六十歳の賀莚にかんするもので、元俊が病用の繁多と健康上の理由で列席せず、記念品のみを送ったのに対する礼状である(八月廿五日)。その他は薬の注文のほか、著書の贈呈、盆・正月の賀儀や賜物の礼状である。そのうち淇園が元俊に与えた七言絶句に左のごときがある。

孫康暎雪六年余　千古刀圭恨二術疎一
莫レ道華陀方已絶　青嚢新着欲レ成レ書

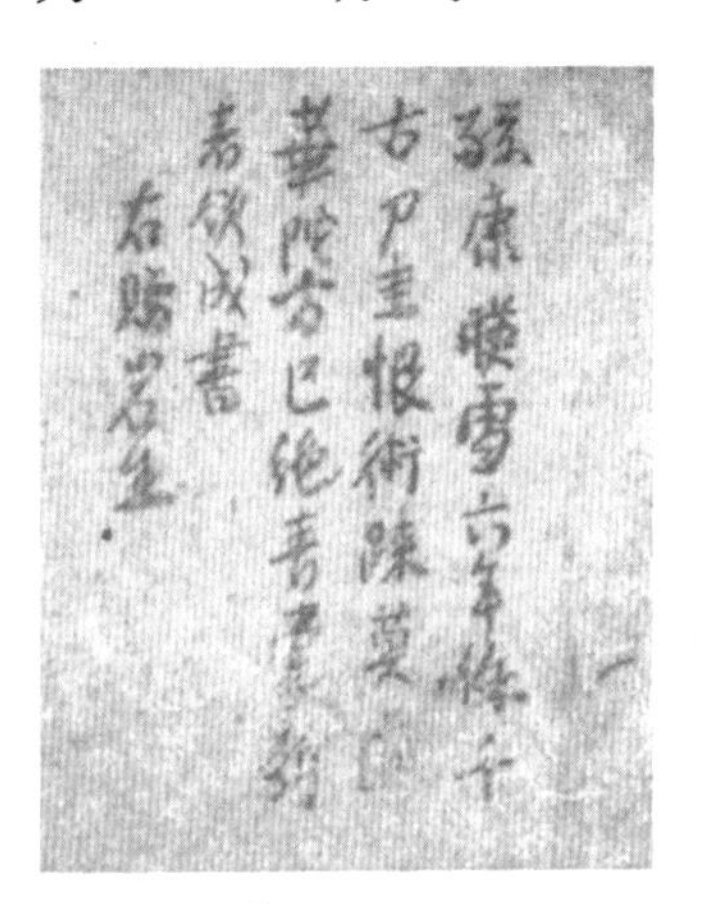
皆川淇園詩

右贈二小石生一

二　大坂在住と衛生堂

大坂移住

既述のとおり、元俊は天明八年の大火後大坂籠屋町坂本町に移住、寛政八年(一七九六)再び京都へ移るまで、約八年間大坂にいた。病用のため『元衍』再執筆は容易にすすまず、ついにこの目的達成のために京都へ移るが、それでも目的を果さずに没した。

大坂在住間の出来事

大坂在住間の治療活動は明らかでないが、江戸蘭学者との交渉、高弟斎藤方策の入門、曇斎橋本宗吉の玄沢入門、故友・大坂名士との交遊、平戸往診などについて述べよう。

衛生堂と薬方

大坂在住間、元俊は学堂を衛生堂と称したらしい。『衛生堂備用方』(寛政八年ころ大坂で元俊に師事した萩の医家浅海道允(どういん)の筆写)には「大坂府　小石道有素輯」とあり、

内容は病症と治療法が詳細にしめされている。上巻は病症百三十五、下巻もほぼ同数の薬名がある。上巻では、例えば、

破関湯方（はかんとうほう）…山脇東洋先生が三度訪問して、ある医者から得た三国方杏参湯（きょうさんとう）

治噦噎方（ちかくえつ）…此方は思うに宗対馬守秘蔵の方で、紀伊亜相公の武士金左衛門という者がこの病にかかり、三年間不治で自分も死を覚悟していたが、ある人がこの薬方を伝え、製薬して飲ませたところ治癒した。自分もかつて試みたが、時々効験があった。秘密にしておくべきだ。（以上、原漢文）

研究した医家

などと書かれている。つまり、当時の医家や、先輩諸名医などの治療法を研究し、さらに自分の実験成果を書きとどめたもので、上巻に出てくる関係医家その他は、栗山孝庵・山脇東洋・同東門・柴野栗山・亀井道哉（みちや）・淡輪蔀山（ほうざん）・楢林（ならばやし）市南・久部一学・後藤艮山（こんざん）・香月（かつき）牛山・半井（なからい）家・原田雄伯・岡本習斎・成美堂・越後人田代万貞・洛人立美氏・播人江島玄意・長藩太夫大江豊西・松原才次郎・皆川先生・

賀川玄悦や、長崎伝来・南蛮外科書などがあり、元俊自製のものも「治頑癬方・治嘈雑方・治遺尿方」がある。

下巻の薬方にも、元俊の努力を知ることができるものがある。若干の例をしめすと、

青霄丹　労瘵を治療。この方はもと帰命丹といい、長州萩の民間療法で、栗山孝庵が自分に伝えてくれた。いま名を改めて回春丸とする。

麻疹三方　安永丙申春に麻疹が大流行した。自分は三方を製してこれをなおし、臨機応変、なおらぬものは十人に一人以下である。病気にかかると、二―三日か四―五日は発越湯を用い、効果があれば清解湯を、次に潤燥湯を用いる。

甲法独嘯先生方　乙法同上　軽粉剤方

この二法は独嘯先生の極秘方で、先生は梅毒訣を著わしたが、この方法は

大した効果がなかったのか、一生人に伝えるのを肯(がえん)ぜず、人は誰も知らない。自分は幸いに之を授けられ、今ここに記してその秘を世に泄(も)らす。

治血淋　自分の友亀井道哉経験方で、自分のために語った。自分が試みたが神効があった。

控涎丹(こうてい)の一法　自分が作ったもので、友人橘東市もまた自らこれを用いた。その製法は偶然自分と一致している。

などがあり、薬方の伝授経路には、上巻に出ていた人々のほか、吉益東洞・甲斐徳本・岡本尚卿・香川太冲・花井仙蔵・酒井伯憲の名や、「明人(みん)」などがみえる。元俊自製のものも八つある。

前著のほか、『衛生堂方府略抄口訣(くけつ)』（用紙に「天工堂蔵」とあり、荻野士貞の筆写本か）は、薬名百八種をかかげている。そのなかに、

六物湯　大愚先生曰く、此方は石羔附子(せきこうふし)あるいは大黄(だいおう)などを症に従って加用。

甲字甘連湯　大愚先生の自得の法で、子供が生れて七十日あるいは百二十日間はかならずこの方を通用。

三傑湯　大愚先生の名づけるところで、オランダ療法よりすぐれている。

などの説明が、割註でつけられている。

『秘中秘録』

『衛生堂禁方』

『傷寒論講義』（元俊自筆一写本）

『衛生堂禁方』

また小石家には『衛生堂禁方』三冊がある。それは乾・坤・続編の三冊で、この続編の末尾には「東遊随筆大尾」とあるが、意味は明らかでなく、東遊間の見聞による薬方を集めたという意味かも知れない。ともに「大坂府　小石道有素父輯」とある。続編の表紙ウラには、書込みのメモがあり、若干の注目すべきものが見られる。例えば、

○新安手簡二巻アリ、一巻百四―五枚ヅヽアリ、白石ヲ紫微宮裏一書生ト呼ブ○平賀所持素園石譜引テ広群芳譜中五巻写本　○医療羅合十一巻○慈雲大和上狂歌　問モ見ヨ誰ガ其方(ソナタ)ノ主ゾト脾胃肝胆モ知ラヌ我ガ身ニ

があり、第一ページの書込みに「戴恩記松永貞徳著歌ノ事ヲ言ヘリ、又信長ノ声ハ三町ホド聞ヘタル事ヲ言ヘリ」とある。ともに元俊の研究と教養の一端をしめすものである。

他に薬方研究の書として『秘中秘録』がある。これも年代は不詳で「大坂府

小石道有素輯」とあり、表紙ウラに、

○ピュルガシーイ者謂下剤也○ピュルゲーレン者謂瀉下也○セツトピル者謂陰門・肛門之坐薬也

など、おそらく橋本宗吉から聞いたらしい蘭語が記入されている。

また『傷寒論』は、中西主馬の『傷寒論講義』を写したものがある。中西主馬は名は惟忠（これただ）、字は子文（しぶん）、深斎と号し、京都の人。吉益東洞に師事し、のち客を謝絶して三十年間『傷寒論』を研究、ついに『傷寒論弁証』『傷寒論名数解』を著わし、一世を驚倒させた人物である。享和三年（一八〇三）八十歳で没しているから、元俊より十九歳の年長である（富士川游著『日本医学史』による）。したがって、元俊が直接講義を聞いたのか、あるいは本を写して研究したのか、明らかでない。

ところで、右に見るかぎり、元俊は関西における蘭医学の首唱者であるが、どこまで蘭方を用いたのかという疑問がおこるであろう。玄沢も元俊西帰後『解体新書』を講じたと述べているが、『行状』によって一子元瑞に課した日課をみると、『傷寒論』『金匱要略』『温疫論』各百遍、『解体新書』五十遍、『内科撰要』三十遍、『医仍女科類方』十遍、『産論同翼』三十遍、『小児直訣』十遍、『痘科鍵（けん）』三十遍、『儒門事親』『痧張玉衡』『外科正宗』各十遍十二部中蘭書訳本はわずか二部である。後年元瑞が竜門楼で課した日課（淡輪元潜の孫軌（き）の『備忘雑録』による）もほぼ同様で、『解体新書』は三十遍となっており、西洋医書の講釈は、

小石元瑞　二八朝　『内科撰要』
小関亮造　六六朝　『和蘭薬鏡』　十十朝　『医範提綱』
小森宗二　二八四　『熱病論』

である。しかし、オランダ医学の優秀性がわかっていても、鎖国下、医療器具や医薬が容易にオランダからえられるわけでもなく、従来の中国医学のうえに蘭方

をとりいれたのは、文化発達の自然の趨勢であろう。

ちなみに、元俊門人斎藤方策は、天保初年ころ大坂の藍塾での学規で、中国医書二十部、反訳医書十五部をあげ、長崎で蘭医から直接学んだ新宮涼庭は、順正書院（天保十年設立）の学生に、西洋医学を学ぶ基本として、三十三種の原書を推称した。

和田泰純

元俊は大坂に移住するに際し、門生谷山道学を和田泰純に託した。泰純は九月二十五日の書翰で、及ばずながら世話すると述べ、元俊が京都大火後浪華籠屋町筋小左衛門町に移り「不ニ相替一医事御精研」の様子であることを喜んでいる。泰純は通称東郭、号轀卿、吉益東洞門下の逸材で、朝廷や幕府の医官である。他の二月二日付の書翰では、牧野侯（田辺藩主か）の侍医柴田元徳が江戸から帰る途中、泰純と面会したいという希望を元俊が述べたのに対して承諾を与えたものである。

玄沢の書翰

また大坂移住の年の暮、大槻玄沢からも書翰が来た。全文は左の通りである。

爾後者御互ニ契闊候、時下寒威甚（しく）御座候処、愈御万安被レ成ニ御勤一奉ニ

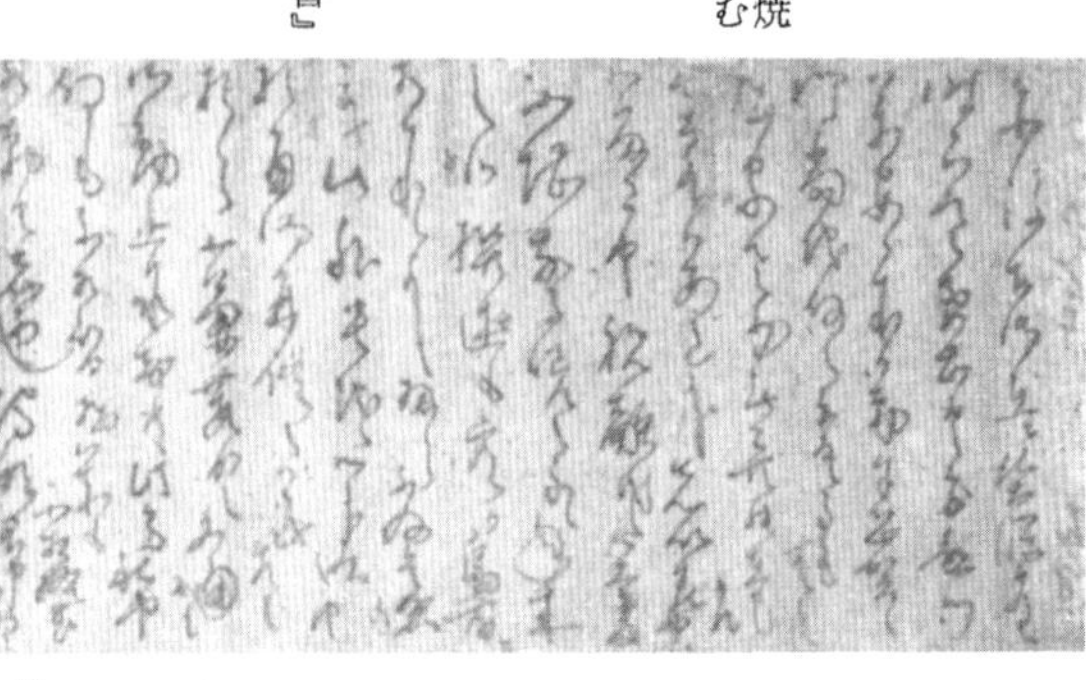

『元衍』焼失をいたむ『解体新書』重訂観臓翰（初めと末文）

恐賀ニ候。御当地何之変（り）候事も無レ之、拙家老少無異罷在申候。乍ニ慮外一御安意可レ被レ下候。先以春中ハ御留守中祝融氏（しゅくゆうし）之御大変（火事のこと）、不レ堪ニ驚嗟之至一候、年来之御撰述も空ク烏有（うゆう）と相成候よし、扨々不レ及ニ是悲（ママ）一御義、此程貴地へ御卜居之由、折角御再修之御義と奉レ存候。折から兼葭よりの文通にて御動止（どうし）承知仕候。此方社中何も不ニ相替一、拙義も不ニ相捨置一相勤申候者也。埒明（らちあき）不レ申事のみ御座候。乍レ去少しづゝ出来寄候ものも有レ之候。解体新書重訂も余程出来申候。余程塩梅（あんばい）之ちがへ候事にて候。甚だ面白ク御座候。此間も刑屍観蔵御座候而、又開ケ

『蘭説夜話』

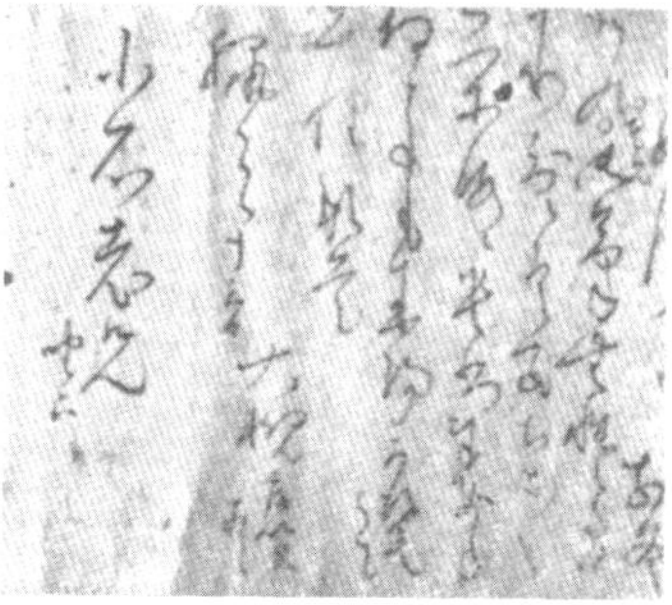

大槻玄沢書

申候事も御座候。蘭学階梯漸近来出来申候間、此度入二貴覧一申候。先日蘭説夜話と申書二巻述作仕候。これは世俗に申候蘭説ヲ弁候書にて御座候。一時之作、君子より見候書には無レ之、誠ニ世ノ眩惑ヲ弁申候迄之事にて御座候。此節剞劂《きけつ》ニ附し（印刷すること）申候。正月中出板可レ仕候。其節入二御覧一可レ申候。

栗山の抜擢

栗山先生抜擢之挙、結構之御儀奉レ存候。益々寵栄此上もなき事にて御座候。于《に》レ今阿藩ニ僑居《きょうきょ》にて御座候。春ハ卜居《ぼくきょ》之積（に）御座候。

小田亨叔

小田生当年も祇役《しえき》にて、毎度御出合申候。夏中拙稿の薦志《せんし》相話候処、此節校訂出来いたしくれられ申候。

転宅

扨私儀も去冬中帰国の上、愈家内引取候而安居仕候。御存之通材街（材木町）狭隘に付、三拾間堀四丁めと申所へ秋中転居仕候。是迄よりハ余程手広キ処ニ御座候。

蒹葭堂の質問

○蒹葭ニハ毎々御出会ニ有レ之候哉。此度同人より尋(ね)来候多羅葉、海椰子等之考いたし申遣候。御繕ひ被レ成御覧可レ被レ成候。甚面白しく御座候。○一角纂考、あれこれ見候方、いまだ余程申分御座候様申候。此間老翁も左様に申候。桂川序・拙跋文など之内冗長転倒等も御座候様ニ申方御座候。

跋文のこと

其内跋文之内、木君喜迎ハ喜而迎レ之乎、窮詰ハ窮極可レ然乎之類、序文にてハ捜索不レ遺ニ余力ニ云々、捜索不レ遺論弁無レ漏と詰候が可レ然哉、余力ヲ不レ遺が専一不レ申候よし、又跋文之内無レ加レ上ハ上ノ字ヲ去リ、加フルコトナシの方が穏当かと申候。其余いろ〳〵御座候雖、一二概略申上候。猶又爰一応も二応も蒹葭へ御相談へ御斧正可レ被レ下候。菊池玄所ハ去冬已来帰郷いたし申候。是も少し君辺失意之事御座候。西遊甚だ重々之由、追て申聞候。

奇病のこと

先日文通ニて奇病之問申聞候故、此問答いたし遣申候。山脇君門生近来拙塾へ見得候者御座候処、写申候而京都へ為レ登候よし、御序ニ御請ひ被レ成、御覧可レ被レ成候。別紙（に）認（したた）メ御尊許も承度候処、紛冗（ふんじょう）不レ能二其義一、如レ此申上候。爾来開ケ申候珍話・奇話も不レ少候へ共、筆紙ニハ難二申尽一、且歳晩俗務紛々、匆々如レ此御座候。菊池之書御届申上候。真狩生ハ如何。御同居ニ而御座候哉。扨々疎遠仕候。宜御致意（ちい）

「老兄筆不精」

可レ被レ下候。申上度事如レ漆なれども前文之□□（不明）、老兄御筆無性之事ハ承知ニ御座候へども、ちと〳〵御閑暇ニ貴書奉レ希（ねがい）候、何事も来陽可レ得二貴意一候。恐惶頓首。

大槻茂質（しげたか）　拝具

臘月（ろうげつ）十三日

小石老兄　座下

かなり長文であるが、『重訂解体新書』の編著の裏面、『蔫志』（のち『蔫録』）・『蘭説夜話』（のち『蘭説弁惑』）の進捗状況ないし意図のほか、次の二点が注目される。一はこの年刑屍の観臓があったこと（従来の知見にはない）、他は山脇門生が芝蘭堂（しらんどう）に学んでいることである。後者は、さきに指摘した山脇門の実力の衰微の例証ともなるが、それよりも蘭学の東西交流に注意したい。小田亨叔の訳文校訂は、前に亨叔自身の書翰をかかげたが、それと照応するものである。さらに元俊の筆不精、玄沢の綿密さと深い思いやりや、両者の親交が行間に窺われる。

三　方策と宗吉

斎藤方策の入門

寛政元年（一七八九）元俊四十七歳、この年、のち元俊第一の高弟となった斎藤方策が大坂に出て入門した。方策名は淳（じゅん）（また順）、字（あざな）は素行、号は九和・半山・孤松軒、周防国佐波郡一本松の医斎藤玄昌の子、郷里で漢方医能美由庵に師事し、十九歳で大坂に出た。なお周防より南部伯民、長門より李家（りのいえ）庸軒・飯田玄冲らが入門、元俊西遊の影響と考えられる。方策は後年元俊が京都に移住したときその病院を預り、方策が芝蘭堂に入門したときは元俊がその病家を診（み）た。篠崎小竹は方策の古稀祝に「読む所は唯医書、論ずる所は唯医事、酒を飲まず詩を為らず、山水花月を楽しまず」と、その謹厳な人柄を讃えた。文政年間大坂では第一の流行医であった（伝は田中助一医博著『防長医学史』参照）。

方策の人物

つぎには橋本宗吉をあげねばならぬ。宗吉は大坂の傘職人であった。大坂の町人出身の天文学者間重富（号は大業）と元俊がともに蘭文が読めないので、共同出資のうえ芝蘭堂に半年間遊学させた（玄沢は鴻池山中氏も出資者であったという）。時期は天明・寛政の交である。宗吉は蘭文に秀で、電気学に大きな貢献をした。宗吉の著書『三方法典』の元俊の序文に曰く、

橋本宗吉

（前略）浪華橋本鄭、字は宗吉、本傘匠なり。蓋し余嘗て始めて生を見るに、進退凡ならず、既に又その人となりを見るに強記、益を窮むること堅にして器之を重んず。和蘭の学を為すを勧め、往いて東都大槻玄沢を師とす。蓋し先づ須らく多く其邦言に識通せしむべき也。和蘭之言大都六万、而して生

則ち之をなすこと四ヵ月、已に能く四万を暗記す、乃ち還って浪華に帰す。

（下略）

と。宗吉は芝蘭堂四天王の一人と目され、大坂の蘭学の発展に尽した。新宮涼庭も文化七年（一八一〇）長崎遊学の途次宗吉を訪ね、その語学力に驚嘆している（新宮涼庭著『西遊紀行』）。

『パルヘイン解体書』

宗吉はまた元俊・重富のために反訳に従事した。元俊が大坂滞在間に宗吉に訳させた元俊珍蔵のパルヘイン（Johannes Palfyn 1650―1730, ベルギーの解剖学者）の解体書（原本、初版一七一九年、再版一七四三年）がある。小石家には男女陰器編その他の訳稿の一部が残されているが、そのうち子宮蛮度篇のごときは四回も稿を改め、患家から届けられた薬料の包紙の裏面を利用したものなど、切りつめた生活を語るものがある。現在の訳稿は、第十八条男子陰器篇以下第二十六条婦人陰門篇と、巻の二のなかの十二～十四、巻の四頭部論の第一～第五である。これが出版せられなかった理由は、その精微な図を模刻する人がなかったからで、後年小石元瑞・斎藤方策・中環(なかたまき)が共同出資し、中環の従弟中屋伊三郎という模刻の名手をえたので出版した。『把爾翕湮(パルヘイン)解剖図譜』(上編文政七年、下編同五年、ともに二巻)がこれである。

四　平戸往診と亀井南冥

再婚

寛政二年(一七九〇)元俊四十八歳。この一月、亡妻の姉琴を後妻として迎えた(年月は『漢文行状』による)。琴は元瑞を幼少よ

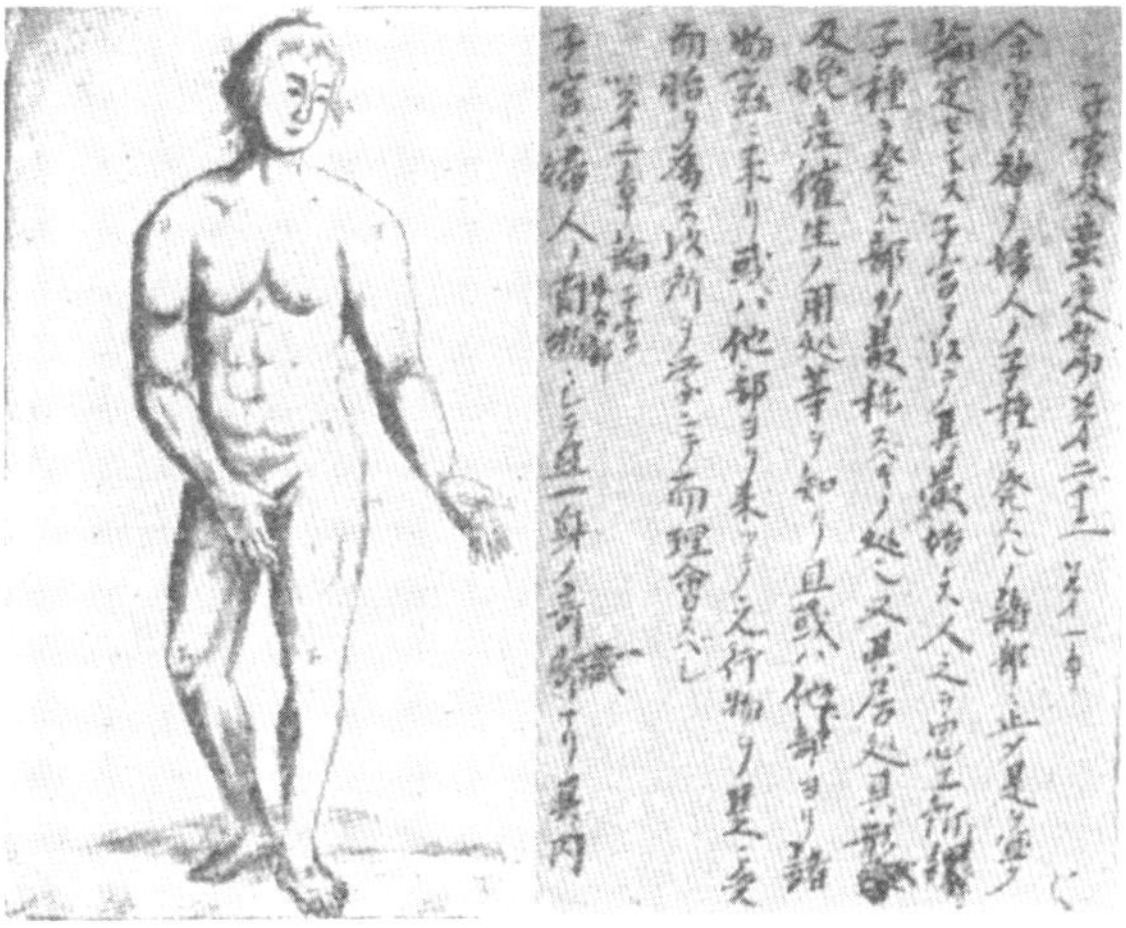

橋本宗吉訳『巴爾靴員解体書』稿本

り愛育したので、このように取り計らったという。七月平戸の富豪山県六郎の病気を診察するために西下した。『行状』には元俊が木綿の着物を着用していたので、出迎えの者が見誤ったこと、平戸へ渡るとき、激しい風浪のなかを、大きな穴のある舟に舟子は老人と子供二人という悪条件を克服し、舟中に大石を入れてへさきをあげ、舟子両人を指揮して渡海した逸話、平戸からさらに生月島に行き、帰途大しけで益富一家が留めるなかを、自ら屈強の者を選び、部署につけ、鯨舟を指揮して渡海した逸話をかかげている。元瑞は後年益富一族の人からこの話を聞き、元俊に確かめたところ、昔源義経が屋島攻略のさい用いた要領を試みたのだ、と答えたという。

南冥と再会

この行、博多の亀井南冥に会って旧交をあたためた。南冥は天明七年百五十俵の給米取りで、藩政にも重要な地位をしめつつあった。元俊はここから長門の清末にまわり、南冥門下の岡島京山に会い、九月ころ帰った。南冥は九月付元俊の書翰に対し、十二月十九日付で返書を出している（この間十月二十二日母死亡、十二月十二日まで服喪）が、そのなかで「さて先頃ハ実ニ不思議御過訪ニ而、久振得ニ芳意一数年之渇懐を解申候」といい、元俊が伝授した灸の効も覚え、人を救うていることのほか、医業繁昌のさまを述べている。すなわち、服喪中弟子に治療をまかせたが、丹州荻野三益なる書生医事にくわしく、冬中留めおいて大流行し、一昨日など新患者十九人あり、また流行医黒川意冲にも書生二名を派遣、「内外ニてハ三百人余に及候病人数ニ御座候、一ハ薬剤ニも余程手問いたし」ているといい、臨床例若干を報らせている。この書翰で南冥は元俊に鼈霜を頼み、翌寛政三年二月七日付の書翰でそれが着いた礼をのべ、難症患者が一人いるが治療を願えないかと都合をきいている。

当時の南冥

曇栄帰国、元俊の近況を報告

寛政三年、南冥の弟曇栄は帰国し、元俊の伝言を伝え、元俊の医業のさかんな様子を語ると老翁（父聴因か）も随喜していた。曇栄は五月十四日帰庵し、一ヵ月後

永富充国

そのことを元俊に報じ、さらに独嘯庵の子充国（じゅうこく）の近況を報じた。充国は下関にいたが、春いらい南冥の許可で帰国、医業をやめ儒者となり、文章も余程進歩したという。充国は父に似て性豪邁（ごうまい）、時に狂態に近い振舞があっただけに（広瀬淡窓も『儒林評』に同様のことを述べている）、先師より遺児を託された南冥の苦心も一方ならぬものがあった。南冥が充国を西山拙斎に師事させてから品行もおさまり、人物もできてきた。充国は、のち五島侯五島近江守に仕えて儒官となり、さらに藩校至善堂の祭酒（さいしゅ）となり、養蚕をも興し、藩治にも尽すところがあった。

亀井家の不運

この頃は南冥得意の時代であったが、翌寛政四年には反対派のねたみと寛政異学の禁の影響をうけ、ついに免官となり、門人は四散した。南冥は蟄居（ちっきょ）して独楽園を作り、長子昭陽が十五人扶持で召抱えられた。この頃のものと思われる昭陽の六月十一日付書翰は、曇栄も姦僧に陥れられて隠居、まさに「浮雲万変……父は旅人書通をも不レ仕境界ゆえ、此節も不レ呈二隻字一」と悲痛の文字に終っている。

昭陽は元俊から「奇書三冊」を送られ南冥が大いに喜んだこと、南冥の雑著『奇観録』（本書は諸侯の間に評判がよかった）が出来、漂民の著書は未完成なることをも述べている。

帰途元俊は長門を通ったとき、清末侯がこれを聞いて、診察を請うたので、元俊は得意の灸でこれをなおし、九月大坂に帰った（『漢文行状』）。

五　交　友

兼葭堂

元俊在坂間の交友について述べよう。第一は旧友兼葭堂である。既述のごとく、兼葭堂は寛政二年三月酒造道具等を闕所（けっしょ）（収没）に付され、十月伊勢の増山雪斎のもとに身を隠した。出発にさいし、元俊は書翰に添えて薄葉紙三百枚を餞別として送った。兼葭堂は九月十五日これに答礼、ついで伊勢川尻村安着後十一月二十九日に近況を報じた。まず海陸荷物運送にてまどって答礼の遅延したことを詫び、

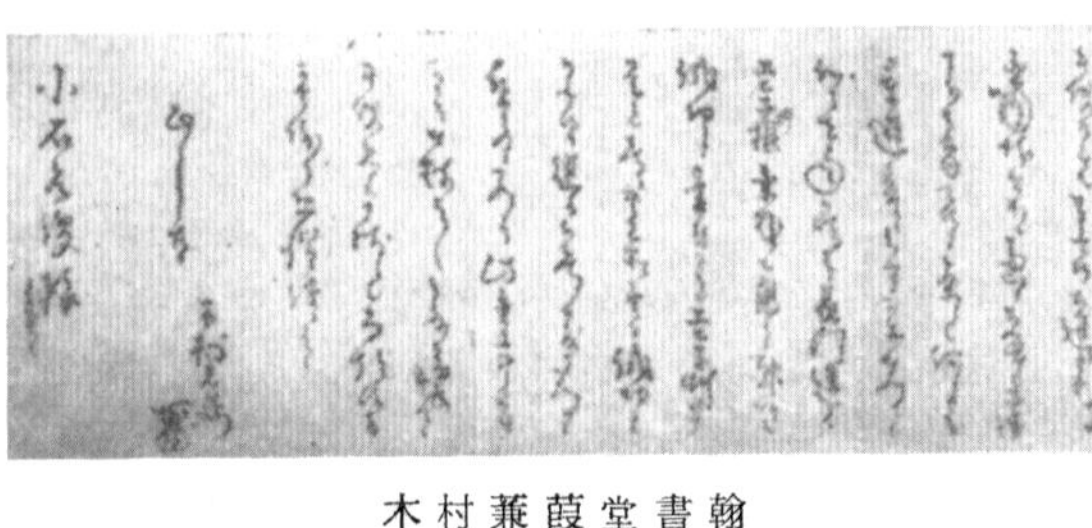

木村蒹葭堂書翰

……当土、東海道筋追分より八丁許(り)東南之地に御座候。纔相隔り候へ共、人間質朴、退隠に相応に御座候。此度不佞居宅之地四百歩、薬園地二百歩拝領仕り候。御役御免被ニ成下一、其上不佞客膝を造営被レ下候趣安心仕候事ニ御座候。地面御代官より御引渡被レ下候。任ニ御心易一御噂申上候。冬春之間土木ノ事御掛被レ成候までに成就可レ仕候。御来遊にも被レ成候得者、必ず御投宿旁御光顧可レ被レ下、不佞居宅も出来ト奉レ存候。上坂も可レ仕候節、却而可ニ申謝一候。

曾遊の地の心易さと雪斎の好遇に、居宅に薬園を作り、好きな植物学を楽しんだ蒹葭堂は、翌三年正月二十日付

薬園

の書翰に、土木に取紛れた無沙汰を詫び、ついで左のように述べている。

……小子薬園地出来候。兼々相企て候薬卉も十分生育可レ仕候と相楽ミ申候。何とぞ御東遊御尋被レ下者可レ忝(かたじけなかる)奉レ存候。然者去年御噂被レ下候長門辺ニてヱビ子(ネ)草ノ根薬物ニ相用ヒ候事、何とぞ試物として御書付可レ被レ下候。ヱビ子草ノ事、是迄考へ、発見の品々御座候て、試物も有レ之候ハヾ追而相考申度と奉レ存候。御繁多と奉レ存候間、此薬名計(ばかり)御書付可レ被レ下奉ニ願上一候。其外度承(ママ)御座候へども幸便急候故申残し候。(下略)

蒹葭堂の面目が躍如としている。結局彼は寛政五年二月、三年ぶりに大坂に帰住した。

篠崎三島

寛政四年は元俊五十歳、九歳になった元瑞を大坂の大儒篠崎三島(一七三六〜一八一三、応道)に入門させた。小石家には三島の書翰が数通あり、賀状・題言挨拶・潤筆(じゅんぴつ)料への謝礼・元俊の詩に対する批評などである。この関係から元瑞は後年三島の子小竹（一七八一〜一八五一）と厚誼を結んだ。その他、小石家の書翰よりみれば、交友は左のとおりである。

片山北海

片山北海（一七二三〜九〇、混沌詩社の中心）——珍蔵書借用期限延期の依頼。

岳玉淵

岳（がく）玉淵（一七三七〜九八）——揮毫料への謝礼、借用の『采覧異言』『□文解合』読了。

中井竹山

中井竹山（懐徳堂主）——中島（棕隠か）より話した一件の取計らいを謝す。

岡部侯の父診療

寛政五年には、岸和田藩主岡部侯の父の病気を診察した。病人がきわめて気むずかしい性質であったのを、元俊が例の磊落（らいらく）さで治療したことは『行状』にのせられている。元俊の女婿小関亮造は、のち岸和田藩に仕えた。

片山北海書翰

城崎湯治

翌寛政六年、元俊は病のため城崎（きのさき）温泉に転地療養した。杉田玄白ともいぜん交渉があったようであるが、この頃と推定される玄白の書翰をかかげておこう。

玄白の書翰

霜月望（ぼう）(十一月十五日)之貴翰相達拝見、(中略)今以浪華御在住之由、嘸（さぞ）珍敷（めずらしき）御療治も可レ有ニ御座一候。御物語も承度奉レ存候。当地何之替（かわり）(も)無レ之、旧面目に消日仕候。乍レ去豚児并二女と一ツニ仕候積ニて引取候玄真ニ者甚出精、逐々和蘭之医事相分申候。病因薬能等意外之事共多(く)、于（に）レ今始ぬ事ながら、毎事感心仕候而已（のみ）(に)御座候。余程数多相成、治療之上にも得レ功候事も御座候。御噺（はなし）も申上候ハヾ嘸御悦も可レ被レ成ト御噂申候事(に)御座候。乍レ去千里相隔(り)、力ニ及不レ申残念奉レ存候。且又帝亜加（テリアカ）御製可レ被レ成候由、夫（それ）ニ付月桂(の)実之事御尋被レ下候。是ハ仁斗（ママ）相用、春年ニ至候て用申候得者（えば）宜御座候。猶又御尋之筋も御座候ハヾ可レ被ニ仰下一候。右御報旁如レ斯御座候。恐惶謹言。

伯元・玄真出精

テリアカの製法

臘月十二日　　杉田玄白　翼(花押)

小石元俊様　御報

尚々倅 幷（ならびに） 玄沢へ御加筆申達候。猶宜申上候。以上。

養子伯元と安岡玄真の勉強ぶりに感服している玄白の姿が髣髴（ほうふつ）としている。玄真は寛政六年玄白の養子となったが、素行問題から離縁され、のち寛政九年末に死んだ宇田川玄随の跡をついだ。帝亜加はテリアカ（薬名）である。他にもう一通年次不明二月二十二日の玄白書翰がある。元俊の旧冬二十二日の書翰への返信で、「私事も近来甚老衰、万方疎濶」にすごしているといい、

先以去冬近火にて致二類焼一候段御聞及之由、預二御尋一忝奉レ存候。至て急火ニハ御座候得共、幸ニ老少無二怪我一退去致（し）大慶（に）候。乍レ去雑具ハ不レ残焼失仕候。　併（しかしながら） 蘭書分ハ一冊も燃不レ申、是ハ天幸ニ御座候。

とある。この近火は寛政五年十月二十五日の大火とすれば、書翰は翌六年のものである。玄白は蘭語に習熟していなかったが、後学のため蘭書を購入架蔵してい

た。元俊は蘭文を全然解しなかったが、外国事情には注意していたようで、教道屋の署名のある駕屋町住元俊あての書翰に、「御書物珍書二冊幷図一、ヲロシヤ一件（寛政四年九月の露使ラクスマンの来航か）写本一、輿地図六冊、釆覧異言一冊完璧（かんぺき）仕候、久々留置千万忝……」とあるように、外国関係書を所持していた。

元俊の外国関係図書

寛政八年（一七九六）九月、元俊五十四歳のとき、大坂の病家を門人斎藤方策に託し、『元衍』の再執筆を主要目的として、京都に移住した。これより没年まで十年あまりは、京都で過すこととなる。

京都移住

第六　京都移住初期

一　京都移住　付 中井竹山

京都移住

『行状』にいう。元俊は治療の傍ら、橋本宗吉に訳させたオランダ医書を読み、「世の医人の実学なくて空理を信じ、是によりて人を誤る事多きを歎じて医術の真面目を知らしめて、蒼生の夭折を救はむとの心片時もやむ事なく」、風流韻事を弄せず、日夜医事にのみ肝胆をくだき、再び著述の志をとげようとして、寛政八年（一七九六）九月、あとを斎藤方策に託して京都に移住し、隠居した。これより一切治療を辞して著述に専念したが、治療を乞うもの日々に多く、はじめは五丁四方と限ったが、それもいつしか破れ、また月に六日ずつは遠方へも出るよう定め

やむなく治療再開

た。高貴の人の請(こい)は謝絶したが、断わり切れぬものはやむなく応じた、と。高貴の方としては、桜町天皇の典侍開明門院姉小路定子（桃園天皇母后）、平戸の松浦静山、長州の清末侯、岸和田岡部侯、田辺の牧野侯、丹波山家(やまが)の谷侯、播磨林田の建部侯をあげている。これらは既述のものもあり、京都移住後に限らない。

元俊移住後、十月には師の淡輪(たんのわ)元潜が訪ねて来たが、会えなかったことは、中井竹山（号渫(せつ)翁）の元潜宛十四日付書翰が示している。竹山は十三日城内出講（京都の紀伝道の旧家高辻権大納言胤長家か）の帰路元俊を訪ねたところ、元潜が元俊に面会出来ず十四日伏見まで下ったので、大坂まで同船したいと思ったが、主人（高辻か）が苛(か)留(りゅう)（たって留める）するので十七日昼船にすると知らせたものである。

二　施薬院の解屍

京都移住後、元俊にとって医学上の大事業は、施薬院(やくいん)三雲環善と山脇東海らの解屍に都督としてのぞんだことである。解剖は寛政十年（一七九八）二月十三日に行われた。その結果が『施薬院解男体臓図』であり、環善門下の上田元長と、元俊の序文がある。これによってその模様を述べよう。

『施薬院解男体臓図』

上田元長の序文

上田元長の「施薬院解体図序」は、大要左の通りである。

三雲環善は少年時代より医に志あり、鼠や禽鳥の腸を解いていたので、自分が官に請うて人腸を解いてはどうかというと、大いに賛成した。そこで小石元俊に謀った。元俊は解体者である。かくて戊午の一月二十五日、京都所司代堀田正順に一書を呈し、二十八日許可、二月十三日屍体をもらって解剖した。けだし異例のことである。執刀者五人、皆元俊がこれを督した。画工は吉村蘭洲とその門人二名、傍観者は六十余人、巳の刻（午前十時）にはじめ、酉の刻（午後六時）に終った。図が出来たが、実に真景を見るがごとくである。環善は満足し、自分に序を託した。世には観臓を忍びずして解体せぬ者があり、観臓を以て解体者の名を求むるものがある。これともに非である。われわれはただ治療に益を求めたのであって、これなくしては鼠や禽鳥を解くに異ならぬ。環善の曾祖父宗真は自分の師であるが、施薬院は歴代観臓をしたことがなく、環善に至ってはじめてこの挙があった。解者・図者ともに至妙、観者は発明するところがあろう。（五月誌）

と。

元俊の序文

次に元俊の「施薬院解男体臓図巻序」をしめそう（原漢文）。

医の源を究むるは解剖

夫れ医には紸論有り方術有り、其源は人身五臓百骸之理致に出でざるは莫し。而して審かに之を究むるの本は解剖の業に在り。是の故に医の英質俊才遠大の志を抱く者は必ず思（い）を斯に覃む。余庸劣駑駘固より遠大の志無しと雖ども、亦甚だこれを好む。然るに余解剖の業におけるや、これを武事に比す。

解剖は武事に比す

特旗を搴げ将を斬るの末将のみ。この故に必ず控御の主将を待ち、而して後若くは先登し若くは城を陥れ以て小功を建つるを得ん。三雲環善先生及山脇東海先生は我が観臓の主将、いわゆるかの英質俊材遠大の志を抱く者なり。又主将は身将に将たりと雖も、其心寛仁ならず、自ら猛を負いて妬害するときは、「夫の旗を搴ぐるの小能」なれば則ちその海内を席巻するの籌策安んぞ之を運らすを得んや。已に権を総ぶると雖も、其意豁如たらず、自ら好んで勇んで夫の将を斬るの賤技に娼疾すれば則ち其の天下を混

『施薬院解男体臓図』（京大図書館蔵）

山脇家の解剖にすべて参加

解剖

画工

観者

環善の依頼

一するの大勲安んぞ之を成すを得ん。さきには山脇東海先生毎に此挙有らば必ず余を隊伍に抜き以て其事に当らしむ。余恒に大いに喜び、臂を攘ち刀を磨き以て其の命ずる所を待つ。故に山脇家の観臓、余与らざるもの莫し。寛政十年春二月十三日、三雲環善先生男屍を解剖するの挙有り。其家山脇氏と通字たるを以て、亦余を断役に挙げ以て、其事に任ずるを得ること、亦猶お山脇氏の例のごとくあらしむ。首より始め八髎骨に至って終る。断割凡て五十九。画工吉村蘭洲之が図を為る。其子孝敬、其友木下応受之を助く。図又五十九なり。是れ未だ夫の西洋解体図之精微に及ばずと雖も、亦以て夫の五臓百骸之梗概を観察するに足らん。而して此挙与り観る者数十人、其姓名は別に之を後に載す。嗚呼環善先生博受之仁沢や深し。是より先一日環善先生余を其第に召して謂いて曰く、我斯道に従事する者のために男女二屍を解剖し、以て細かに図し以て審かに其五臓百体之理致を究めんと欲す。

竊かに聞く、子篤く此業を好むと。請う我令に従い臂力を吝にする無かれと。余大いに喜び踊躍、僕爾として席を避けて対えて曰く、敬しく命を領けん、敢て之を能くすと曰うに非ず、願くば之を学ばんと。環善先生の志豈之を遠大と謂はざるべけんや（下略）。

解剖への関心

右の二つの序文によって解剖にいたった経緯は明らかであろう。はじめに、名を求むるがために解剖するものがある、と述べているが、わが国の解剖の初期、解剖は惨忍であるとしながら、敢て救人のために解剖することを述べなければならなかった時代より半世紀に満たぬ間に、解剖への関心が、いかに高まってきたかを窺うことができる。

元俊の医名

また上田元長の「元俊者解体者也」の一句、ならびに環善が元俊に依頼したことからも、元俊がこの道に一家をなしていたことを物語っている。元俊は末将と卑下しているが、その医家としての実力は優に官医をしのぐものがあった。ただ解剖にかんしては、前回の平次郎のときほど詳述されてい

ない。これは、六十九図の全図に元俊が註記を施したからである。たとえば、首全象と身全象には、

斯人本摂州大坂人、名佐兵衛、三十四歳、来㆓浪落㆒于㆓都下㆒為㆓放火㆒、卒以㆓罪犯㆒被レ剄。

頭蓋骨除㆓小脳髄㆒而観、小脳髄下辺挺出者直下貫レ于㆓其裏面深邃処㆒、正中之竅与脊梁骨髄相接。斯人在㆓大坂㆒時以レ罪被レ点、大坂之墨刑者、一罪点㆓一輪於肘上㆒、此人有㆓二輪㆒、蓋其罪已犯㆓二罪㆒、今改刻為㆓妻字㆒而以レ墨窒レ之者、蓋慙愧而佯㆓乱之㆒矣。

などとある。

さて、序文はなお続くのであるが、大要は次のとおりである。三雲氏は丹波の人でその祖雅忠は花山帝のとき正四位下、施薬院使に任じ、子孫連綿三十二世八百十四年、環善にいたってはじめて解剖の挙があった。これは祖先の果しえなか

ったことで、山脇家が東洋以来解剖の業を続けているから、環善の子孫もこれにならうべく、斯道の大幸であるといい、再び環善・東海を主将、自己を末将に比し、後日女屍の解剖があるときは、ふるって参加したく、その期を待つとしている。末尾に「寛政十年冬十月、籔沢医浪華小石道拝二題於京師之僑居一」とある。

末尾の「観臓人員」のところには、参加人名と解剖場の情景が記されている。まず中央牀上には環善が座し、両側に弟の財満孝之助と山脇東海の弟玄智、さらに左右に上田元長・青山玄泰・猶林宗博ら施薬院の内人七人、その後方には施薬院の臣ら七人が並んで警戒する。屍の周囲には元俊・元瑞親子のほか淡輪元潜の息貞蔵・中神右内（琴渓）・柚木太淳（眼科医）・橘豊後目（春暉）・長州の人藤左冲（永富独嘯庵の姉の子）・但州の人真狩元策・大坂の中川元吉ら三十九人（一々人名を略す）が肩を摩り眥を凝らして立ち、画人三名が筆を動かす。総計五十八名。上田元長は施薬院の高弟で門長と称し、解剖を総括し裁決をとる。解剖に任ずるものは元俊、解く者は六人（中川元吉・小石元瑞を含む）、画者三人、記者二人、その儀例はすべて山脇氏と同じである。

解剖の模様

解剖の模様および結論は次のとおりである。

凡そ解剖の場、恒に刀を以て難きと為す。故に其人剛ならざれば則ち之を為すこと能わず。（宮崎）元素奮励して先ず面皮を剝ぎ頭に及び、次に四人と互に相い代り之を為す。各発明する所あり。竜の若きは年僅かに童を成す（時に元瑞は十五歳）。唯鉤を持ち刀を執り以て之を助くる耳。以下席次詳に前図に見ゆ。

西洋の精に比し得ず

本邦此挙を為す者多からざるに非ず。率ね夫の西洋解体家之神巧に及ぶ能わざる者、蓋し亦其の之を為す時但日を卜して夜を卜さず、且つ大率二朝に嵩る能わず、一日にして五臓百骸を尽し、解者は既に隠を索め幽を探るを得ず、図者亦密模真写を得ざるが故なり。夫の精微を尽すの如きは則ち余方に英気を養い、手腕を休め、以て環善・東海二先生之天助を得、累日縦に之を観るの時を期つ也。今但記して(三字破)他日の遺志に備ふる巳。
寛(破)政十年冬十月　小石道謹識

ここでも平次郎解剖の場合と同様、本邦は一日で処理せねばならぬ、ということを歎じている。それにしても、平次郎の場合は、元俊自身かなり自信のある口吻をもらしていたのであるが、今回は隠微の点を解き、図することを得ないのを遺憾としている。しかも小川鼎三医博によれば、本図は『解体新書』ないし蘭学の影響を濃厚にもち、観察の深さも平次郎の場合と格段の差があるという。われわれはここに、元俊の心・技における発展のあとを見ることができる。

本図は京大本(着色紙本、吉村蘭洲筆)・羽間平三郎本（淡彩ないし線の素描、文字は元俊門人宮義鄰、絵は吉村孝敬模)・杏雨書屋本(着色紙本、木下応受模)・早大本(羽間本と同巧）がある。なお題言は藤原孝、跋は青山玄泰、図面に橋本宗吉が蘭字で臓器名を記入している。木下応受は円山応挙の次男。

三　先師独嘯庵三十三回忌

遠忌準備

寛政十年は独嘯庵の三十三回忌にあたるので、元俊と小田亨叔(こうしゅく)との間で前年より、よりより祭典のことが相談されていた。亨叔は寛政九年八月三日の書翰で、元俊が三十三回忌について連絡した厚誼を謝し、自分も参りたいが、先寡君(せんかくん)七回忌で江戸へ下ることがあり、その節先師の墓参もしたい。これは三月（五日が独嘯庵の忌日）には間にあわず、五月ころにもなるが、永富充国(じゅうこく)は是非明年三月上坂して法事を勤めたいと書翰を寄せて来ているので、よろしく頼むと述べている。ついで碑銘については、南冥の父が書いたものがあり、南冥に言ってやったが見当らず、自分も先年写しておいたが、他行数年の間に紛失したらしい。忘機(ぼうき)翁（不詳）の文を上京の姪の藤左冲に託するから刻ませて欲しいといい、刻料のことに及び、結局大坂の刻料が不明だから、調査のうえ連絡して下されば貴家へ送ること、少々高くなっても美観を尊んでほしいこと、蔵鷺(ぞうろ)庵への法事料は充国と相談したいことを述べている。最後に『囊語』は独嘯庵生涯の力をこめた書であるから、これも何とか明年入念に重刻したいとしるしている。

この書翰に対する元俊の九月二十二日付の返信に接し、亨叔は十月十九日に再度出翰した。内容は、独嘯庵墓碑銘にかんする元俊の奔走を謝し、大坂の斎藤方策方まで六両三歩を送金したので、三月遠忌までに然るべく取計らってほしい、『囊語』のことは、またゆるゆる申上げる、というのである。

祭典

三月五日には、元俊はじめ門人たちが墓前で三十三回忌を行った。そのことは富士川游編『訳解漫遊雑記』にもみえる。そのときの祭文は元俊が作り、藤左冲の達筆になるものが小石家に残されている。左の通りである(原漢文)。

祭文

祭

独嘯先生文

寛政十年歳は戊午に在り。故独嘯永富先生没後茲に三十三年なり。越えて三月五日、小石道京師より至って浪華城南蔵鷺葬内之墓に登り、敬しく山羞野酌之奠（羞は供えもの、酌は酒の意）を陳じて之を祭り、且つ文を為って以てその霊に告げて曰く、天其時に非ずして其秀を降誕し、地其所に非ずして其精善を達生す。嗚呼、先生上は帝王の道に通じ、中は老仏の真を悟り、下は英雄之義に達す。而して才徳明主に遇うを得ず、術知良臣に列するを得ず。楩楠を斲削して匕箸を

「祭独嘯先生文」（藤左仲筆）

を造り（良材をもって粗末なさじやはしをつくる）、礱礪璧玉以て槽櫪を為し、浣腸刮骨の方徒らに名を成し、起死回生の技僅かに利を興す。若し其れ達すれば則ち其れ必ず兪（名医兪跗のこと）を廟堂の上に都べ、天下を泰山の安きに置かん。刑は囹圄を用うるに及ばず、空しかるべく、兇頑姦嚚も化を被むり以て其の天年を終え、鰥寡孤独も養を得て其の生有るを楽しまん。而して其れ之を得ざる者は則ち此れ其の窮する所にして乃ち時に非ざるの故也。乃ち処に非ざるの故也。幸に其書の世に遺る有り、後生の明主徇お其れ之を読みて之を身に体し以て興らんか。良臣或は其れ之を誦して之を心に蘊め以て出でんか。是れ何ぞ先生の身親しく其の時を得て其志を行い、其の処を得て其の徳を施すと異ならん。則ち先生何ぞ其成功を其生前に見ざるを憾みんや。芹忱懇惻敢て情を抒す。素とより澗谿之毛・潢汗之飲、尚わくは饗けよ。小石道稽首謹具。

右大意は、独嘯庵が卓抜の英才を抱きながら時世にあわず、場所に適せずして、あたら良材を些細の用に供するのやむなきに至ったことを惜しみ、然も著書あるのゆえに、後世の明主・良臣に益することあらば、生前に時と処とを得て其の志を行い、その徳を施すに等しいというのである。

元俊が、三十三回忌に賦した七言律詩は、

拝墓有レ感作　元俊
献花供水拝二松瑩一　三十三年物幾更
操履風香梅自発　慈恩雨瀾杏殊栄
著書未レ慰断機意　安業徒悲負米情
仰望彼蒼何所レ見　寂寥暮色月乳清

である（『独嘯庵』による）。

なお、この三十三回忌には、先師の遺児を育てた亀井南冥は参加していない。

その理由は前述のとおり廃黜の厄にあったためであるが、この祭典の一ヵ月前、藩の甘棠館が火災にかかり、ついで六月には長子昭陽もまた儒員を免ぜられた。甘棠館はついに再建せられず、南冥によって九州に確立された西学も、寛政四年の異学の禁いらい、最後のとどめをさされた形となった。元俊は旧友一家の厄難を黙止しがたく、長文の書翰とともに、慰問の意味で五両の金子を贈った。昭陽の元俊宛八月廿四日付書翰では、このことを述べ、「兄弟救難之御深情」にいたく感謝し、「今般之火烈ニて甘棠館類焼仕候処、六月十六日儒員輩政府ニて呼出(し)、西学再建無レ之、儒員平士ニ被レ加候旨申達有レ之候。宋儒方熾時ゆへと奉レ察候、十年経誦之地を去り、姪浜之方ニ皆々引移居申候。世変万化御憐察□可レ被レ下候」と、非運の涙にくれたさまを叙している。この年南冥夫妻は姪浜に移り、昭陽また姪浜の後藤屋に同居した。長女小琴が生れたのもこの年である。なお小琴も父に似て文藻が豊かであった。

四　星野良悦の木骨

星野の木骨

寛政十年（一七九八）秋、広島の整骨医星野良悦は木骨を携え、門人を帯同して江戸にいたり、杉田玄白・桂川甫周・大槻玄沢らに見せて賞讃を博し、帰途小石元俊や大坂の蒹葭堂を訪ねた。

星野良悦（一七五四～一八〇二）は師が整骨の手技を秘したのに憤激し、寛政三年に刑屍二体を解剖、『解体新書』と比較する機会をえて、西洋医術の進歩に感服し、解屍を白骨として、工人原田孝次を説得して原寸大の木製骨骸模型、いわゆる〝木骨〟を作らせ（翌年完成）これを「身幹儀（しんかんぎ）」と命名した。当時は真骨を所持できなかったためで、木製によって整骨術の基礎確立をめざしたのである。その後門人を江戸に遊学させて西洋医術を吸収し、吉雄幸作にも質（たず）ねて確信をえ、門人土岐柔克（ときじゅうこく）（のち星野の養子となる）・中井厚沢・富川良元を伴って東遊、門人三人はそのまま玄

星野の人物と東遊

良悦、元俊を訪う

元俊の賛

沢に入門させ、翌寛政十一年一月、広島へ帰る途中、小石元俊をたずねた。その模様をまず元俊の「賛二身幹儀一後贈二星野良悦一」によってみよう。これは東京の静嘉堂の大槻文庫本『戊午新訳身幹正的』におさめられている。

奇士西土産　今還レ自二東方一　行笥出二人骨一
嵦々読書牀　連続立二架上一　天工発二秘蔵一
此是医術本　関係非二尋常一　団聚凡数百
感声動二草堂一　言是諸刑屍　蒸レ桶爛二胥膓一
直レ形代二桐木一　模刻極二雕章一　欲レ聞二西洋説一
挙携臻二武陽一　磐水喜厚待　操觚英気昂
訳著此五冊　対校各生レ光　百骸符節合
論無二一荒唐一　主客倶口咄　讃歎正相当
桂子称二著実一　鶚斎重二材良一　勢撼二躋寿館一

観者如二堵墻一　伝播至二浪速一　招請与レ余商
可レ知名兼レ実　無レ翼万里翔　奇哉此書器
豈啻比二琳琅一　為レ医能基レ此　技術可二張皇一
怪疴及二異疾一　枯槁回二春芳一

寛政十一年歳己未春正月

浪華小石道拝二撰京師之僑屋一

これによると、良悦は帰途元俊を訪ねて木骨を披露したのであり、後掲玄白の書翰では十日ばかりも良悦が元俊宅に滞留したようである。右五言詩の終の方に「伝播至二浪速一」とあるのは、名声が大坂にまで伝播したのか、浪速に来て元俊が見たのか不明であるが、元俊は当時京都に住み、蒹葭堂が次の書翰にあるように、大坂で見損っているから、京都で披露したものと思われる。元俊の賛も一月であり、一月二十五日付で大坂の蒹葭堂に知らせたのであるが、蒹葭堂は自らの

蒹葭堂の便り

病気と良悦の多忙と、何らかの手違いのため、ついに見ることができなかったのである。左の書翰は蒹葭堂の落胆と、あわせて一家のことを書いているので、やや長文であるが、掲げておこう。

近年珍事多し

江戸蘭学さかん

養子不実

二白、星野氏御手牘(しゅとく)の義朔日拝見仕候。先分(カ)承存申候、只々感服仕候。併(しかしながら)急候て当所御弘(ひろめ)の事無二御座一残念ニ奉レ存候。小子も今度家事相鎮り候はゞ西遊ヲ相念じ居り候間、折を以彼土(へ)下り申し拝見可レ仕候。近年は御珍事多く御座候。諸国ニモ色々珍事出来申候。江府は貴地などより蛮学甚だ相弘り被レ申、追々諸家御撰述など有レ之候。欣羨(きんせん)仕候事ニ御座候。小子も今以災厄難レ逃候。去歳秋御逢被レ下候倅(せがれ)、見掛と大違なる人物ニて癡物(ちぶつ)に無レ之、至而(いたって)不実不埒(ふらち)者ニ御座候。今少早く離縁仕候ハヾ宜敷御座候を見誤り、及二今日一、存外損毛御座候。小子も今一応相考候て、何国なりとも退隠可レ仕ト存候。当所人噲炙(かいしゃ)知申候通ニて、不面目奉レ存候。御憐

俗累多し

木骨を見損う

察可レ被レ下候。　　以上

先月念五日発貴書相達、忝拝見仕候。（中略）如二御存一災厄後自分殊ニ去年存外俗累有レ之候て、失敬而已相成候。橋本生折々上京ノ由御聞キも可レ有レ之ト奉レ存候。今般芸州星野良悦老の事御知（らせ）被レ下候。忝奉レ存候。兼々承（り）及ビ拝見候。此度折角相約（し）嘸当月朔日罷出可レ申と奉レ存候処、小子も当日寒邪ニ相侵（され）候て不レ被レ参仕合、雨天ニ御座候て、以レ便相尋候処、二日朝ハ可レ宜と使者へ申被レ成候段、翌二日之早朝仕度し参、六七人同伴仕候。斎藤氏被レ出候上へ星野氏ハ帰国ニて御急の由拝見候。斯日無二御成一直ニ箱荷送ヲ被レ成候。星野氏早朝より御外出の由、不レ得二御意一候。残心ニ御座候。御家内承り候へバ、星野ら小子事へ御尋可レ被レ下由、斎藤氏御噂御座候故、急に帰り申候て相待申候へども御尋も無二御座一、旁以遺憾奉レ存候。貴家より御便りも御座候得者、星野氏（へ）宜敷御謝詞奉二願上一候。右乍二延引一御

礼言上し度如レ斯御座候。（下略）

二月十日　　　　　　　　木村多吉郎

小石元俊様　玉案下

蒹葭堂の書翰中、江戸の蘭学が大いに発展していることに言及していることと、家庭の事情について語っていることが注目をひく。養子の不埒が、晩年病弱の蒹葭堂の心痛の種であった。これはいったん離縁したようで、死後甥の坪井屋吉兵衛（木村石居）を養子とした。なお、世上の珍事は北辺の問題をさしているのであろう。

玄白の書翰

つぎに、杉田玄白の書翰をしめしておこう。元俊は二月十日に玄白に書翰を出したが、それに対する三月二十八日付の返書で、はじめに気候不順ながら元気にしていることを述べ、ついで、

星野のこと

然者（しかれば）去比（さるころ）芸州之星野氏、木造全骨持参之処、帰郷之節御噂申候故、其地へも

致二持参一候而、老兄御方ニ十日斗滞留故、被レ成二御熟覧一、骨度御益にも相成候旨委被二仰下一大慶仕候。御覧之通丹精成事感入候。夫ニ付又蘭人之精密にも感申候事に御座候。御存の私所持コイテル解体書ニ合候ニ、何が神乎相知不レ申程之義、星野之方は少(し)男が大ぶり故、一寸斗も大成と申斗之事ニ御座候。如二来書一良沢、私抔風与蘭学ヲ初て唱候処、最早弐拾七八年にも相成候。存の外其道開け申候て、当時は海内半(ば)にも及候程の義に相成、色々訳書も出来申候。老兄先年御下向之時節よりハ、東都抔は格別の事ニ相成申候。豚児玄沢之輩専出精仕、内

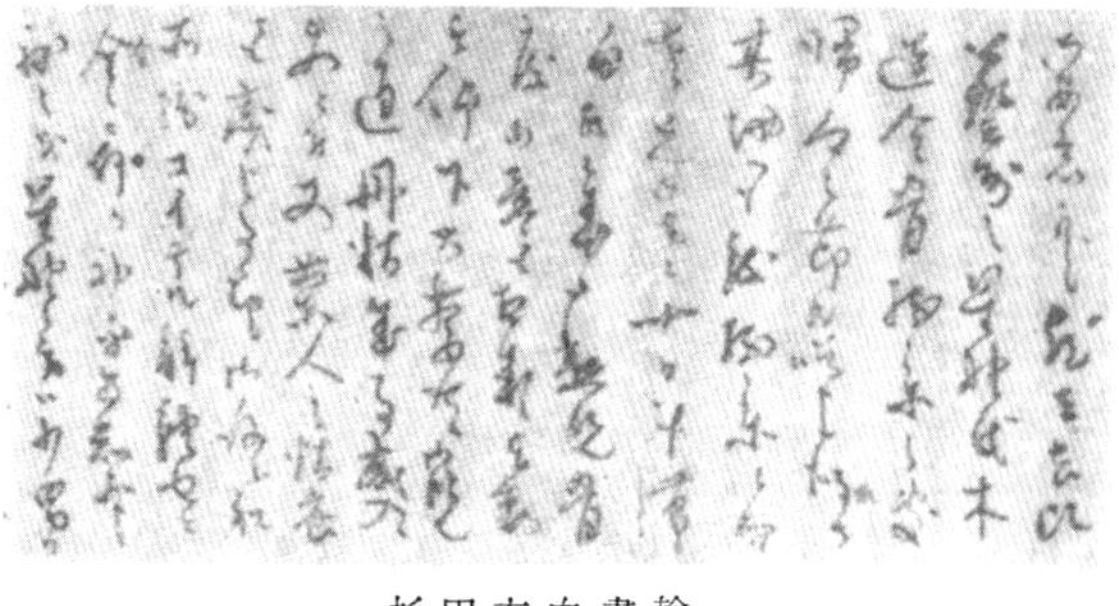

杉田玄白書翰

外医書・本草類迄余程出来申候。なか〳〵に人里ちかくなりにけり、余りに山の奥を尋て、と申(す)様成ものにて、西洋医術も家々新説を唱へ、瀉血好(ずき)もあれば悪(きらい)もあり、薬物にも寒熱剤、人々により所用異成(ことなる)は、華人も同(じ)事ニ御座候。物産之書、漢人の如ク余り効能多く相見へ申候。人情は天下通情と相見へ申候。併不㆓相替㆒着実之論ハ又東方諸国とは格別の事に御座候。久々面謁も不㆑仕、懸㆓御目㆒候て緩々(ゆるゆる)御噺(はなし)も申度奉㆑存候。乍㆑然先年と違、甚及㆓衰老㆒何も出来不㆑申、日用之事も物忘(れ)仕候様相成、得㆓一日㆒消㆓一日㆒斗にて御座候。被㆑懸㆓御心㆒最御細書忝奉㆑存候。右御挨拶迄如㆑斯御座候。恐惶謹言。

三月廿八日　杉田玄白

小石元俊様

なほ〳〵折角御自重可㆑被㆑成候。其方ニてもハルヘイン御翻訳思召之由、

東西の交流

蘭学重視

林野家のこと

右要領

御頼(み)申上候。其地にても辻信濃守初、大町氏抔も蘭学出精之由、又玄沢より申越候。此輩も毎度文通ニて御座候。扨々時節にても可レ有二御座一候。近来ヲロシヤ之事より初り、折々官家ニても西洋学之事御用相立申候義出来、桂川氏抔訳被二仰付一候事御座候。此節ハ蝦夷御開キニ付、蘭学ニ志有レ之者共御用も被二仰付一、追々蝦夷地へ渡海にて御座候。是天より所レ命かと奉レ存候。乍レ去又衰世之故も哉(や)と嘆息も仕候。将又先年御頼之林野家御家譜の事、追々若州表へ頼遣、少々ハ知レ申候義も御座候得共、未レ存候様分リ不レ申故今以不二申上一候。忘却ハ不レ仕候得共、扨々御存候様致二世話一候人無二御座一候(て)延引仕候。大方当年中ニハ知可レ申哉と被レ存候。此節遊学の門人、当夏旦那供ニて罷帰候間、是に得(とく)と申含候事ニ御座候。申上度事多御座候得共、余り長文相成候間、申残候。以上。

この書翰で、玄白が良悦の木骨とコイテルの解剖書とを比較して、その精微を確かめたことが明らかである。この年玄白は六十七歳、やや衰老に及んだと告白しているが、小塚原の観臓を契機にふと蘭学を唱道していらい、わずかの間に大きな進歩を遂げたことを、無限の感慨をこめて回想しているあたり、まことに珍重すべき告白といわねばならない。またこの書翰で、辻信濃守（蘭室、久我家の臣、著書に『蘭語八箋』がある）や大町淳伯らが文通によって玄沢から教えをうけていたことが明らかにされ、東西蘭学交流上も注意すべき史料である。さらに蘭学が寛政四年のラクスマン来航いらい、北辺の急に刺激されて幕府にも注意されたことを指摘しているのも参考になろう。寛政九年には吉雄幸作・楢林重兵衛・西吉兵衛らが蘭書和解掛となっている。パルヘインの解体書の反訳は既に述べたとおりである。林野家のことについては、すでに第一章で玄白のことにもふれた。その際小石家の先祖のことについて疑問を提出しておいたが、元俊先代の事蹟が、すでにこの頃あまりハッキリしなかったということは、もし家老であれば何らかの手がかりがありそうであるということともに、疑問を深めるにたるであろう。『玄沢覚書』にも「先考林野市之進ノ事尚小浜邸ェ詰問アリナバ詳密ノ事知ラル事アルベキカ、今一層分明ナラザルハ遺恨ト云フベシ」とある。しかし、これによって元俊の功績を、いささかも左右するものでないことは言うまでもない。末文の「旦那供」は藩主の供をして、という意である。いずれにせよ、この書翰は、蘭学の発達をみるうえに、重要なものである。

五　交　友

当時の交友について若干の事実を記しておこう。第一は山脇東海である。両者の関係は既記のとおりであるが、東海の書翰一通をかかげておこう。

元俊様　　　道　作

昨日は聴骨為(せ)レ持(た)致ニ還璧(かんぺき)一候処、眼球右之上聰を闕候てハ如何とて直様(すぐさま)賎平へ

山脇東海

御附与御恵被レ下、千万忝致二全備一、永く家珍ニ可レ致候、忝奉レ存候。尚面上御礼可レ申候。昨日ハ夜に入帰宅候ニ付御礼延引及二今日一候。以上。

正月十五日

聴骨に恵ミをすなるその徳は

ことしよりこそ己未とくぞおもふ

少し無理に候へども先申試候。呵々。

文意がよくとれないが、東海が元俊から借りた聴骨（模型か）を返却したのに対し、元俊が壊れそうな箇所を修理して贈ったようで、和歌に己未とあるから寛政十一年である。聴骨の耳とめでたしとをかけたもので、東海も、無理ではあるが、と断わっている。両者の親交をしめすものである。小石家に現に所蔵されている耳の骨が、これであろう。この骨をとることは、現代の技術をもってしても困難であるという。なお同家には、猿の頭蓋骨も珍蔵されている。

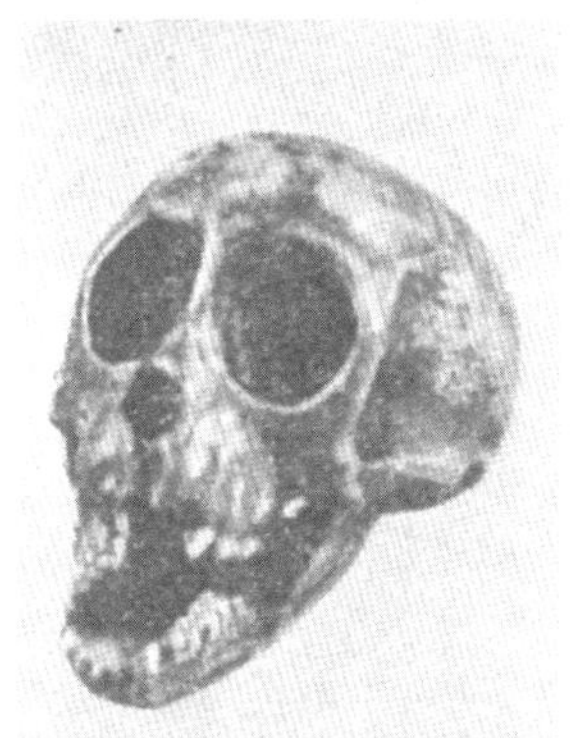

上　聴骨（右の紙に骨の名が書かれている

左　猿の頭蓋骨

日本のリンネと称された本草学の大家小野蘭山は、寛政十一年に幕府に召されるまで、京都を中心として活躍した。蘭山は兼葭堂の師であった関係から、元俊ともはやくより交遊があった。小石家には蘭山の書翰が十一通残されており、一通は元俊、一通は羽倉文助、三通は元俊・元瑞父子あてで、他は元瑞あて（これも元俊在世中のものが多く、元俊に言及している）である。うち賀状が五通、江戸よりの出翰が明瞭であるも

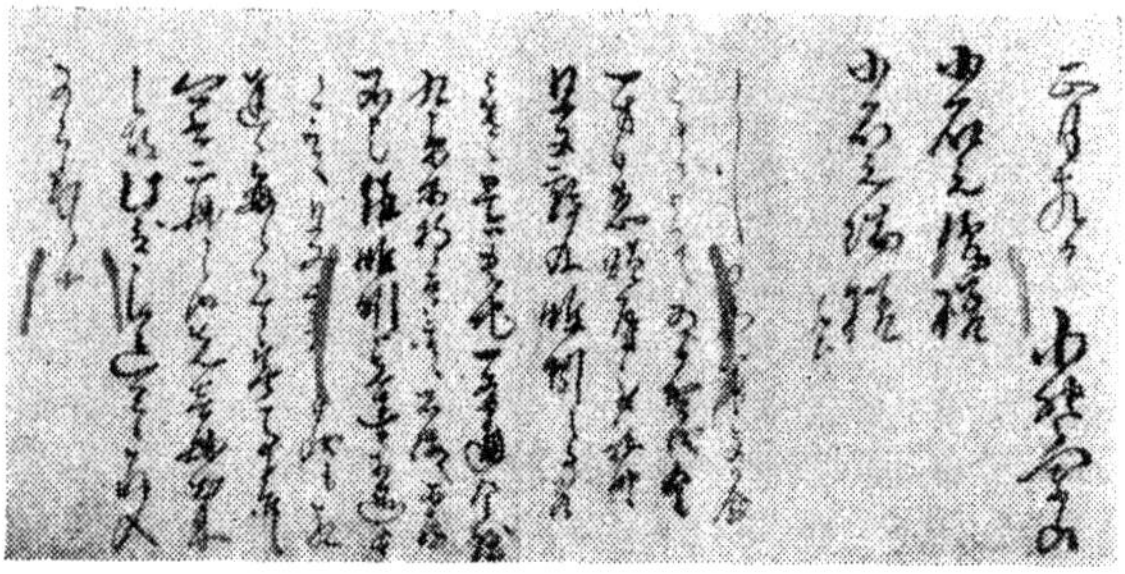

小野蘭山書翰

の二通である。そのうち、追書（おってがき）が参考となるものを示しておこう（宛名は父子両名）。

如ニ来書一改歳之慶万里同祝、先以愈御壮健御重歳被レ成候条、珍重之至ニ候。当方無レ恙（つつが）致ニ加年一候。御休意可レ被レ下候。右件為ニ復賀一草々如レ此御座候。謹言。

正月十九日　小野蘭山

尚々御加筆被レ入ニ御念一候事ニ御座候。為（して）ニ御賀儀一金（と）一両御恵贈、辱（かたじけなく）致ニ託納一候。且又鶉（うずら）及蚯蚓（みみず）之事御尋被レ成候。是ハ貴地一条通金屋九兵衛所持ニ而御座候。不佞（ふねい）ニハ所存不レ申候。併（しかしながら）蚯蚓ハ先達而相逸（のがし）候由ニ御座候。

且又十三日の御状も相達候。毎々御丁寧御事御座候。同書二冊之内先壱冊出来申候故、此度致二送呈一候。御収入可レ被レ成候。

元俊は元瑞を蘭山に師事させたので、毎年正月に金一両を贈っていた。礼状兼賀状は大体右のようで、中元にかんするものは一通ある。その他、追記には、大鷲をとったこと、薬草のことなど、元瑞の問に答えたものが若干みえる。

小田亨叔

小田亨叔(こうしゅく)も依然元俊と書翰の往来があった。寛政十一年三月二十一日の書翰は、前年の元俊の江戸宛書翰に対するもので、大坂から出している。すなわち、今朝浪華まで来たが国許急用で今夕乗舟、風次第で明朝出帆するから上京拝晤(はいご)しえぬといい、著書(『元衍』)と元瑞のことをたずね、江戸滞在中は寡君(かくん)に一日二度ずつ『書経』『論語』などを講じたことを述べ、「玄沢子ハ毎度逢」っているが蘭書など承わる時間がない、宇田川玄随にも面会するよう御申越されたが一昨年物故した（寛政九年十二月六日）ので残念であるなどと、江戸の状況を述べている。追書には「玄沢子は西洋医籍内科之事余程開ケ申候。今一応老兄と御面談仕度と呉々申上呉候様被レ申候」とあり、また南冥については、無事であるが昱太郎（昭陽）はじめ門下の三儒士が平士になったのは気の毒で、元俊が苞苴（贈り物のこと）を送ってくれたことを聞いて感謝にたえぬ、と礼を述べている。

第七　第二・三回東遊と晩年

一　第二回の東遊

田辺に行く

寛政十一年(一七九九)四月、元俊は丹後田辺侯の召で田辺に往診した。このことは、長村内蔵助の「墓碣銘」につぎのごとく出ている(原漢文)。

田辺侯病みて君を召す。告げて曰く、是癇症なり。まさに艾火(灸のこと)を以て要となすと。侯用いず。君又詳かにその因を書して侯に呈す。賜うに餼廩(おくりもの)を以てす。母の故を以て之を受く。

田辺侯江戸より元俊の治療を乞う

と。その欄外註に「之田辺、寛政十一年己未四月」とある。さらに右について、後侯江戸に在り、再び君を召す。尚前説を執る。侯之を用うるを欲せず。人の為に阻(はば)まるるところとなり果さず。

とあって、欄外註に、「之ニ江戸ニ両度、寛政十一年己未八月、寛政十二年庚申(こうしん)四月」とある。この行、元俊は長子竜（元瑞、十六歳）を伴った。出発は八月であるが、七月に元俊は左の書翰を出した。

御状忝(かたじけなく)拝見仕候。……然ハ江府(ごうふ)より御便御座候て君侯御招被レ遊度御存念被レ為(せ)レ有(ら)候由、東向再拝奉レ畏(かしこまり)候。何時ニても出府可レ仕候。再便次第奉レ待候。勿論門人中ニも一切沙汰仕間敷由奉ニ承知一候。右之通堅相守申候。

併(しかしながら)弥出府仕候ハヾ、表向御便被レ下支度日限も無レ之候ては家内片附幷門人共処置不レ仕候而者(ては)出立難レ致候間、其段御承知可レ被レ下候。（下略、七月十六日高田衛守宛）

出府に際しての門人処置や内密の診断であることが明らかで、門人は二名帯同とある。藩よりは刺鯖(さしさば)五刺・一苞(つと)の祝儀が届いた。在江戸間の消息をしめすものは、『鷧斎日録』と玄白の書翰である。まず九月十五日の玄白の書翰をかかげよう。

御細簡拝見、三四日御所労御座候由、一向不レ存、御疎遠申上候。然者世子持病懸二御目一申度、明日と申上候処、其方御診も御座候故御不定之由、委細承知仕候。此方御持病之儀何日ニても宜御座候間、一向老兄御閑日両日斗も可レ被二仰下一候。石川方も閑日相尋、私も繰合置可レ申候。今日之御左右（都合のこと）承候上、石川へ申遣、万一是も差支御座候得ば、色々入組候間、一向明日之処ハ延引、重テ日限いつニても其方より御定可レ被レ下候。右申上度如レ此御座候。

この書翰で江戸着当初の元俊の動向が、かなり明瞭となる。この年元俊は、すでに五十七歳であり、東遊は、かなり身体にこたえたのか、疲労のため数日間は休んでいたようである。玄白は世子（玄白の藩主酒井家の公子）の診察を元俊に依頼したが、元俊が自分の方の診察（おそらく田辺藩主牧野佐渡守宣成）の診察でこの日が都合が悪かったのであろう。なお玄白は石川（玄常？）をも頼んでいたらしい。この書翰で元俊の臨床家としての実力がよく示されている。

ついで九月十七日、元俊が一書を玄白に書いて拝診方を連絡、玄白は石川の都合と屋敷の都合とをただして十九日拝診とした。格式ある藩邸への往診の複雑さを物語っている。

酒井侯の世子診療

『鷧斎日録』では十九日に「若殿様」とあり、以下は虫が食って不明だが、予定のごとく診察したのである。二十二日付玄白書翰に、

玄白の書翰

（前略）先日は若旦那容子御診察被レ下何も大悦仕候。用人事も忝宜御挨拶申上候様被ニ申付一候。右ニ付御約束被レ申候通り、弥御灸点御無心被レ申度候。其方御繰合次第、今一度御見舞被レ下候様致度段、御無心申上候様、猶又被ニ申付一候。（下略）

右の「先日」は十九日で、その結果元俊がいよいよ得意の灸をすることになった。二十三日の玄白の書翰では、元俊が、おそらく二十五日と申し出たのに対し、その日は諸侯方と御約束があるので二十四日か二十六日に診察してほしいとの希望が述べられている。『鷧斎日録』二十四日の条に「小石元俊若殿様御□（拝カ）診□□」とあるので、二十四日に診察したことが明らかであり、その翌日玄白は元俊に礼状を出している（これは『上野図書館紀要第一冊』に富士川博士旧蔵のものとして掲載されている。小林花子氏は二月二十五日と読んでいるが九月の誤りであろう）。

世子再診

玄白の書翰

（前略）昨日は御苦労至極奉ㇾ存候。若旦那も殊外忝く、猶宜申上候様被二申付一候。且又昨日一寸御頼申上候病人間違候て、御診察も受不ㇾ申、殊御足を労（いため）候事如何斗（ばかり）気之毒がり、可ㇾ然御挨拶申上呉候様申越候。且余り残念御座候間、何卒容子懸二御目一、思召も承度奉ㇾ存候間、明早朝御旅館迄伺公（ママ）仕度申聞候。御差支も無二御座一候はゞ同道参上可ㇾ仕候。迚（とて）も御見廻は難ㇾ被ㇾ成事と

奉レ存候故、此段申上候。（下略）

田辺侯の診察

以上の玄白の書翰によって、江戸でもかなり元俊の医技が重視されたこと、および酒井世子を診療した模様が明らかであるが、田辺侯診療については、前掲長村の「墓碣銘」によると、侯が灸をきらい、近臣にも阻まれて、不得要領に終ったらしい。もともと妻の生国という関係のみで、親族の面目にもなろうとして診察もし、合力米として十口をもらったので、他の診察した大名から賜禄の申し出があっても謝絶し、また田辺侯の賜禄も元瑞の時代には断わったという。ここにも元俊の淡白な性格があらわれている。この東上時のものと思われる文書に左記のものがある。

田辺侯より賜禄

覚

一、銀五百拾九匁九分

右高拾人扶持六月より十二月迄日数二百六日、此米拾石、三斗俵にて弐拾四

俵弐斗九合五勺也。代銀代、但石ニ付五十三匁也。
右之通慥(たしか)ニ受取申候也。以上。
未(ひつじ)十二月　　小石元俊
田辺御勘定所

滞在期間

元俊が、いつ江戸を発ったか、『鷧斎日録』にも記載がない。玄白は十一月九日付の書翰で「御帰還後安否も承知しないが、長途滞(とどこお)りなく今程は御帰宅であろう、珍重に存ずる」旨を認めているので、十月中−下旬に江戸を発ったのであろう。ついで玄白はいう。

玄白の書翰

先達てハ無ニ存懸(ぞんじがけ)一御出府、久々にて緩々(ゆるゆる)拝謁、誠(に)不ニ相替一御懇意被ニ仰下一辱(かたじけなく)奉レ存候。世子容子も御覧被レ下、御差図之灸治今以仕候処、相応の趣ニて候。近比(ごろ)総体宜(しく)、御蔭故と不レ浅辱御噂被ニ申出一候。毎度玄沢・玄真抔も御噂申上候。如何、御門生方にも御達者ニ御座候哉。宜御伝声可レ被

世子の模様

カテーテル
薬　方

レ下候。且又御頼之カテーテル早速申付候処、細工人手間取、漸(く)此節致ニ出来一候間、早々差上申候。御落手可レ被レ下候。御伝授之薬共も逐々致ニ製法一相用申候処、初て故火加減等不レ宜候哉、被ニ仰聞一候通りニハ出来不レ申候得共、一通りよりハ力強相見へ申候。又近日煉見(ねりみ)可レ申と存罷在候。其外申上度義も御座候得共、先右品早速御送申度、如レ此御座候。重ねての節細々可ニ申上一候。乍レ末御令息様宜奉レ願候。豚児(とんじ)も能申上候。恐惶謹言。

十一月九日　　　杉田玄白

小石元俊様

人々中

尚々次第(に)寒気相増候。折角御自重可レ被レ成候。くれ〴〵も先達て御滞留間少、染々(しみじみ)不レ得ニ拝晤(はいご)一残念奉レ存候。

玄白が述べているように、元俊の東遊は事前に通じていなかったのか、思いが

宇田川玄真書翰

宇田川玄真書翰（内景図説を報じた箇所と末文）

けないことであり、滞留の短期間であったことを遺憾としているが、元俊の世子診断、また元俊は玄白にカテーテル（医療器具）を依頼し、玄白は元俊から伝授された薬を製しているところに、東西医術の交流の姿をよみとることができる。さらに宇田川玄真が元俊にあてた書翰も、同様に交流の姿をしめし、かつ、従来あまり明らかにされていない点を解明するものとして参考になると思われるので、左にほぼ全文をかかげておこう。

先日貴簡相達忝伏誦、（中略）誠ニ去歳は度々得ニ拝晤（はいご）、幾多之新論奇説拝聴、鄙懐（ひかい）一洗

『内科撰要』出版

憾悟不レ少、辱奉レ存候。御帰宅後早速御手簡被レ下候処、日々紛冗不レ酬二貴章一、多罪御海容奉レ希候。此度柔克(土岐氏)復帰郷候ニ付、縷々申含置候間、委曲御聞可レ被レ下候之旨、忝存候。此度先草稿三冊上申候間、御熟覧御校正之上御出板可レ被レ下候。先人(玄随)之時より三冊づゝ出板仕候間、先三冊御刊行奉レ希候。尚亦追々写し出来次第差上可レ申候。尤二冊は板下之積りニ御座候。乍レ去是も再三御校覧可レ被レ下候。一冊ハ唯今出来不レ仕候故、先其儘上申候。御地ニ而板下被二仰付一可レ被レ下候。段々跡六冊も出板可レ被レ下と存候間、早々出来仕候様奉レ希候。

『内景図説』

○去歳も一寸御咄申候鄙稿内景図説、去年より段々草稿出来仕候。是も何レ大庇ヲ以刊行仕度と存候。大抵二十巻ほどに相成可レ申候。此書は誠ニ内景之大成に御座候而、数部之解剖書ヲ訳定仕、至而精密ニ御座候。是ハ別而御斧正相願度と存候間、出来次第入二御覧一可レ申候。此義ニ付何卒御面晤仕度、縷々御相談申度と存候得共、扨々官途難レ遁、御地へ罷出候義も難二相成一、甚遺憾ニ存候。因(より)レ茲(これに)何分又々当地へ御下向被レ成候義ハ難二相成一候哉。御熟考被レ下、今一度御来過奉レ希候。若難二相成一義ニ御座候ハヾ、何分小子罷出度と存候間、其御手段も御座候ハヾ御工夫奉レ希候。○扨先達而も御診療

小子病身

被レ下候小子義も兎角病身ニ而、迚(とて)も長寿無二覚束一存候間、何卒多年訳定仕候程ハ早々上木(じょうぼく)仕度と存候。何分御扶助奉レ希候。尚亦先達(せんだつて)而御弟子中一両年之中ニハ御修行ニ御越被レ成様被レ仰候ハヾ承知仕候。其内にも漢学有レ之之人物御択(えらび)御越被レ下度、小子相談にも相成可レ申、此段奉レ希候。尚亦従(より)レ是(これ)

書翰の宛名

度々御尋問可二申上一候間、書通便利之所ハ当地何方(いずかた)へ出し申候而宜候哉、委細被二仰聞一可レ被レ下候。縷々申上度候得共、筆紙不レ尽(つくさ)候。委曲ハ柔克へ御聞可レ被レ下候。此方家内皆々宜申上候様申居候。不備。

三月十二日　　宇田川玄真

小石元俊様

几下

右の書翰中、重要なのは『内科撰要』と『遠西医範』に言及している点である。『内科撰要』は玄随(槐園)が一度寛政五年に出版し、その後増訂版の筆をすすめつつあった際、惜しくも没した。ここにいう『内科撰要』は『重訂内科撰要』であろう(『洋学年表』では文政五年刊)。つぎに『内景図説』であるが、これは『遠西医範』と名づけられ、三十巻あった。玄真自ら「此書は誠ニ内景之大成」で「数部之解剖書ヲ訳定」したとある通り、実に精密をきわめたものであった。出版の運びにはいたらなかったらしいと言われるが、原本は、のちこれを要約して『医範提綱(ていこう)』となづけ、文化二年に出版された。『遠西医範』は、ブランカール・パルヘイン・クルムスを参照し、『提綱』の一枚が四十一枚にもわたる箇所があるという。本書翰により、出版には元俊が尽力していることが明らかであり、元俊もまた玄真

『内科撰要』

『遠西医範』

の実力を認めて門弟を入門させている。

なお玄真が、書翰をどこへ出せばよいかとしているのは、斎藤方策が東遊して元俊が大坂の病家をあずかったので、京坂間を往来したためと思われる。この年四月の大坂の女屍解剖にも方策の名が見えないから、寛政十二年のはじめに、方策はすでに芝蘭堂に入門していたのであろう。『行状』によってみるも、元俊帰京後まもなく遊学したとするほうが妥当であろう。東遊のさい、元瑞を同伴し、往復間厳格な訓練をしたことは、のちに述べる。

二　第三回の東遊

第三回東遊の事実

ところが、元俊は翌寛政十二年にも東遊した。これは前節の長村の墓碣銘その他でほぼ明らかなのであるが、『行状』にも「年五十八と云に中風を発し」の割註に、

> 斎藤方策蘭学修行のため江戸え参るに付、大坂病家痛くなげきて下坂を請しに、折しも先考は田辺侯再度の召にて江戸え被レ参、帰途より脚気にて、それは程よく治したれど、何となく常に復せねば、安逸なるよりは運動する方よかるべしとて、下坂して治療せられしに、以前の如く繁多にて、却て疲労の基となるべく、さればとて急に引て帰京もなりがたく、如何せんと思ひ居らるゝ内に此病を発せしなり。

とある。五十八歳は寛政十二年である。寛政十一年には京都に三日坊と称する重症の脚気が流行したから、旅の疲れもかさなって、これにおかされたのかも知れない。ここで元瑞は田辺侯再度の召により東遊したと述べているのは、再度江戸へ行ったという意味である。『漢文行状』にも「庚申夏四月、田辺侯復(また)君を江戸に召す。人の阻む所と為り果さず。五月家に帰る」とある。これを証するものに、

永富数馬の書翰

さらに永富数馬の閏四月十五日の書翰がある。閏四月は寛政十二年のことである。

数馬の死

数馬（充国）は、

（前略）然バ御暇御願被レ成候ニ付、模様次第、明後十七日御発駕可レ被レ成段、今暫御滞留にて、数度相閲、御示教をも蒙可レ申相たのしミいたし候処、火急之御様子と相成、今更迷惑仕候門路（かどじ）ニ御座候。右ニ付縷々（るる）御懇倒（こんとう）之御紙上、辱（かたじけなく）奉二痛入（みいり）一候。□別之拙作差上候様奉二承知一候。

と述べ、ついで烏頭（うず）を飲んで目まいがし、そのため元俊に会えなかったとあり、さらに「清末侯可レ然申上候様奉二承知一候」とある。数馬は翌享和元年六月十五日に四十五歳で江戸で没しているので、この書翰は江戸で元俊に宛たものと考えるのが至当である。数馬は、晩年は三田聖坂（みたひじりざか）で子弟を教えた。三田寺町仙翁寺に葬る。法名は魏（ぎ）然（ねん）院亀山勇鑑居士（こじ）。なお五島の福江市にも墓がある。

要するに、今回の江戸行については、玄白・玄沢らの書翰が一切なく、かつ四月に出発し、閏四月に江戸を発っているところから、まったく田辺侯の治療のみであったろうと思われる。

『医譚』に元俊伝を発表した当時、第三回東遊はないものと考えていた。これは確証をつかめなかったためで、今回永富書翰を主要な理由として、第三回東遊説を肯定した。しかし玄白らと全然会った形跡がないこと（『鶉斎日録』にも該当記事はない）は、やや奇異な感がないでもない。

小田亨叔の死

なお、このすこしのち、寛政十三年（二月五日に享和と改元）一月十五日には、小田亨叔が五十五歳をもって他界した。亨叔は藩校に教授として、儒臣として重きをなすとともに、医員としても藩侯の信任が厚かった。亨叔には子なく、姪の松岡士蔵の二男を養子にむかえた。南陔小田順蔵がこれであり、この順蔵が墓碑銘を書いた。それによると、死に臨んで亨叔は疾苦の乱す所とならず、やすらかに死んだという。小石元俊は、左の銘を書いた。

篤く経芸を学び　兼ねて医術を修む

孔の堂に升り　張の室に入る
載ち文風を振ひ　載ち癈疾を起す
此の真石に勒し　徳音失うこと靡し
友人　平安　小石道有素謹んで識す

とある（この項木山芳朋著『独嘯庵』によるところが多い）。

三　究理堂設立前後

元俊は第二回東遊より帰洛後大坂へ出て方策の病家の診療にあたっていたが、また十一月中に中風を病み、半身不随となった。翌享和元年三月小康をえたので、一年半ほど前に借りておいた釜座通夷川北の家（現在の小石家）に帰り、著述に専念するとともに、再度城崎に行き、病もよくなったので学塾究理堂と竜門楼を増築した。「究理」は朱子学のでも蘭学のでもなく、「自ら其事に任じて命」じたとい

「究理堂説」

う。これについては「究理堂説」で次のように述べられている（『新撰洋学年表』）。

夫(それ)理者、至正至直、天地万物之所ニ固有一也。蓋其為レ之者元真也。漢人所謂(いわゆる)造物者是也。印度曰ニ四大一。地水火風、統レ之者四元也。天日月地是也。西洋曰ニ四元行一。気水火土、成レ之者八該(がい)也。天地八該、気神膏水潮精土金也。人身八該、気神膏水血精肉骨是也。而皆我一家言也。万物之品類蕃鮮(はんせん)、其種不ニ紊乱一、同形異状、生々不レ爽(たがわ)、亦祇(ただ)本(づく)ニ於元該一也。元真者、先レ之而不レ見ニ其始一、後レ之而不レ知ニ其終一、万国一境、万古一時。四元者、万物之父母、八該者、万物之本資。是故四元唯万物有レ之、而八該天地万物倶有レ之也。究レ之又究レ之、其理固(もとより)不レ可ニ思議一也。今命レ堂以ニ此名一者、俾(しめ)ニ学者(をして)観察因(ら)ニ元該之理(に)一、以究ニ人身未病(の)常経与(と)已病変態(を)一、療術法方、以救ニ天下蒼生一也。

「究理堂聯」

なお『行状』には「究理堂聯(れん)」というのがのせられている。

審ニ知人身一、明ニ達病源(するは)一、則治道之大要、無レ求自得。歴ニ渉薬性一、深ニ通製法一、則療術之衆方、不レ集以備わる。

右は実に小石蘭医学の骨子をなすもので、元俊が『元衍（げんえん）』に論じた四元八該が、右にほぼ明らかにされる。

究理堂の模様

元俊時代の究理堂が、いかなるものであったかは明らかでない。元瑞の時代とは、かなり相違していたことと思われるが、元瑞のものによって、往時のすがたを想像してみよう。

孝養

まず第一は、「究理堂学規」八ヵ条である。その大要は、次のとおりである（原漢文）。第一は孝養を説く。父母は愛子を膝下におきたいものである。それを顧みずして遠くわが門に就学するものは、成業を第一とせねばならぬ。これ定省（ていせい）（日夕親の機嫌を伺うこと）を欠いた償いである。親は子の無病息災にして郷里に錦を飾る日を指折り数えて待っている。逸遊不成業の者は人間でない。またその学資も父母の膏血（こうけつ）か君主の恩俸である。佚楽（いつらく）に用いてはならぬ。諸君は積極的に勉強せよ。これ吾家（ごか）入門の第一義である。

読書とその方法

第二（全文）は読書とその方法を説く。医理を明らかにし治術を精ならしめんと欲する者は、一に読書を以て楷梯となすべし。書籍の博き、才多く力強しと雖ども、歳月極む可きに非ざる也。予近く学を為すの次序を設けんとす。学は須(すべか)らく循次(じゅんじ)に躐等(りょうとう)（順序をとびこえる）せざれば、則ち力を用うるを省きて而も功を収むること速かなり。

日課

第三は日課である。わが家の本業は医である。六時に起き、医書を読み、

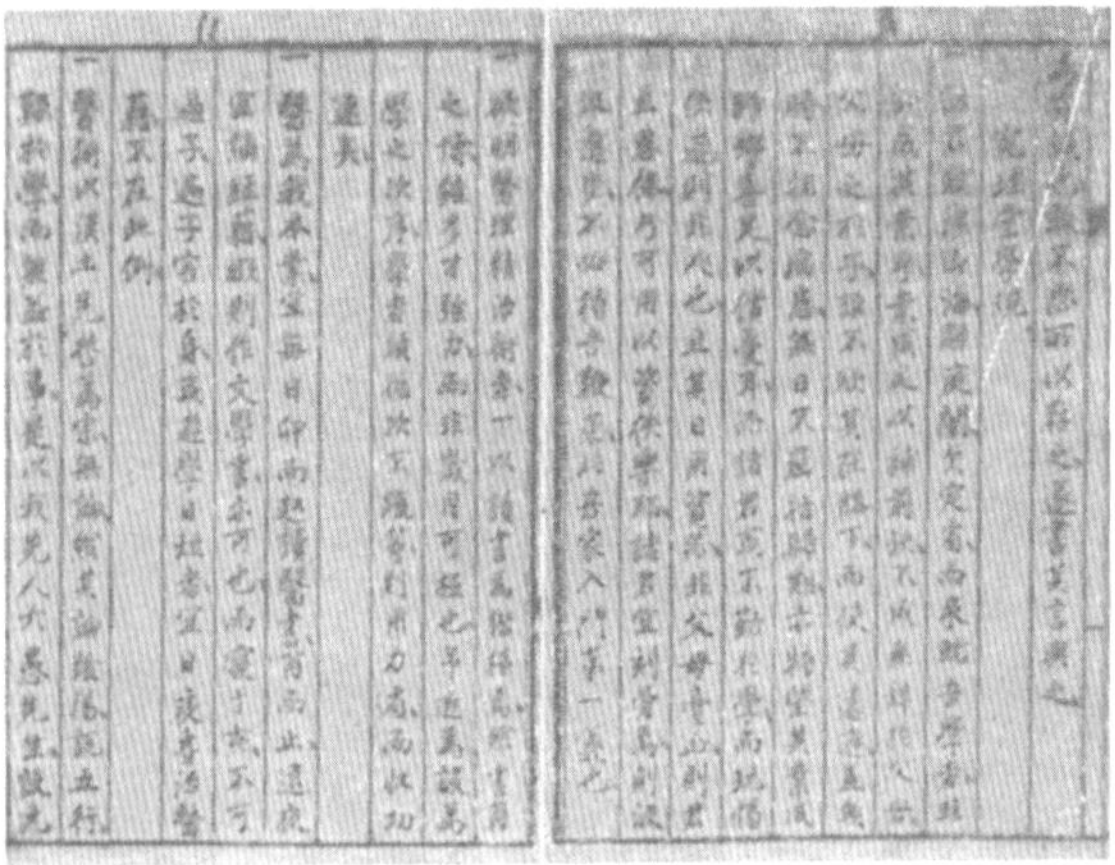

「究理堂学規」（元瑞筆）

午後六時でやめ、夜は経書を読み、暇には文を作ってもよい。十時には就寝、十二時をすぎると身体を害なう。遊学期日少なきものは日夜専ら医書を治めよ。

漢・蘭・家法の研究

第四は三法の学習である。医術は漢土先哲を宗（そう）とするは勿論だが、陰陽五行説は難解無益であるから、先人大愚先生は元真・四元・八該（かい）の説を立て、天地を経（けい）緯（い）し万物を綜理（そうり）するものとされたが、おそらくこれでも不充分だから、傍らまず西洋の医術を学べ。わが家で漢方・家学・西洋方の三者を教えるのは、これがためである。

究理とは

第五は究理の意味である。これは朱子学や蘭法の究理でなく、先人思索の成果で、天地万物を観察し、漢蘭を折衷したものであるから、入門者はこれを知らねばならぬ。しかして元真説は玄奥高遠だが、要は実用である。だから初学者は緊要のものを務め、そのうちにしだいに元真を会得（えとく）せよ。

漢蘭の学習法

第六は漢方・蘭方の学習法である。漢土の書を読むものは空譚（くうだん）をさり的論にのっとること。的論とは生死を弁じ、虚実をはかり、先後の機を審(つまび)らかにすることである。西洋の書を読むものは実理をとり微言をすてよ。微言とは分子説の如きである。本質の論は西学者流のいわゆる究理である。空譚微言は初学の妨げであり実用に無益である。

第七は漢方・蘭方の特色である。前者は粗にして失多く、世間では習ってその特色を知らぬ。西洋の方技は精(くわ)しくて反って誤まる。人は疑って究めない。自分には別に論があるが、他日ともに検討したい。

第八は摂生である。先人の言に、学をなすものは摂生を要し、それは飲食を節す、厲邪(れいじゃ)を防ぐ、性情を歛(かん)(欲する意、歛(れん)＝おさめる、の誤りであろう)する、精神を完うするの四である。たとえれば、身は舟、学は物で、舟が沈めば物も沈む。父母のなげきはいかばかりであろう。だから毎月一～三日は灸をせよ。大患ある者は数を多くせよ。艾灸(かいきゅう)の諸病に効あること、わが家で実験ずみである。

右は実によく小石医学の本質を示したものである。とくに第四において、漢法を宗とするが、先人の学はその欠を補って大成したものといい、それでもなお不充分だから西説を勉強せよと述べているあたり、かつて元俊が『元衍』を首にかけて東遊、大槻玄沢と討論して、西洋説と比較してどうかと切りこまれ、しかしわが説は自分が多年の思索の結果であると逃げ、さらにのち、西説の精妙なる、ためにわが説の破れざるを保せずと考えた、それらの結果が、ここに文字に表現されている。しかし、いぜんとして漢方・蘭方の欠点を指摘しているが、それは必ずしも適切とはいいがたい。ただ、元真説は深奥だが、帰するところは実用であると述べているところに、親試実験の精神の反映をみるにたると思う。

入門規定

つぎは入門についての定書である(原白文)。

定

一、師弟之誼者生涯之大事ニ候得者、紹介人も無レ之、門風ニ不承知之義有レ

之候方者(かたは)、速ニ御断申候事

一、入門望(のぞみ)之方者添翰(てんかん)致可レ申候。小石家江御出之上塾頭又者知事江面会被レ成候而日柄相定、当日礼服ニ而御出可レ被レ成候事

一、入塾望之方者第一塾法御会得(えとく)被レ成、其上請判人(うけはんの)(の)名前御認(したため)被レ成、当人御同伴ニ而御出可レ被レ成候事

一、入門式左之通ニ御座候。

右大先生江

金子弐百疋　束脩(そくしゅう)料

右子息江

同　弐朱　扇子料

但し入門望之人者可レ為二別段一候事

同　弐朱宛　扇子料

右都講両家ニ

但し右執斗（とりはからい）有レ之候上者会読出席可レ為ニ勝手次第一候

入門之義者可レ為ニ別段一候事

一、入塾之人者右之外ニ

金子弐朱　　扇子料

右奥方ニ

塾中ニ祝儀持参之義者可レ為ニ無用一候事

一、二季諸祝儀左之通ニ御座候。

金子　百疋　大先生ニ

同　弐朱　子息ニ

但し前段入門之人者大先生同様執斗可レ被レ成候事

内塾之人者下女ニ心付可レ有レ之候事

都講（とこう）両家ゟ会読出席之人者夫々祝儀御持参可レ被レ成候。出席無レ之候ハヾ帰国之節迄祝儀ニ不レ及、五節句之賀礼、暑寒之見舞而已（のみ）ニ而宜候事

奥方ゟ内塾之人より御祝儀帰国之節迄者持出し候ニ不レ及候事

一、帰国之節者都講両家ゟ相届、其上先生ゟ申出諸式入門之式之通ニ御執斗可レ被レ成候。内塾之人者奥方幷（びに）下女ゟも御祝儀可レ有レ之候事

一、帰国之上生涯音信者身分之貧福と恩義之浅深ニ随候而御執斗可レ被レ成候事

右之通御心得可レ被レ成候。以上

究理堂都講

小関亮造

月　日　　小森宗次

右は、いわば今日の入学心得のごときものであって、詳細に規定され、かつ当

訓諭

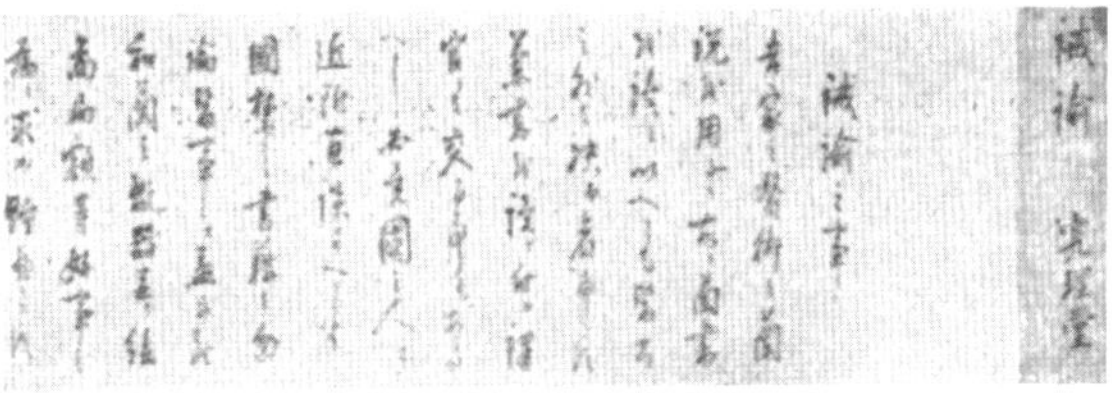

「誡　諭」（元瑞筆）

塾の健実さをしめすものである。

最後に、元瑞が門人に示した誡諭と「門人掟書」をしめそう。前者は文政十二年冬のもので、『行状』には元俊もつねにかく語っていたとあるが、大塩の乱やシーボルト事件のあとであるだけに、元俊の遺訓の体裁をとり、当局の警戒を顧慮した点がなきにしもあらずと考えられる。新宮涼庭の訓誡も、この種のものである。

訓諭之事

一、吾家の医術は蘭説を用るが故に、蘭書を読(む)といへども医書の外は決而看(る)べからず。蘭書を読(む)に付而訳官には交る事もあるべし。必(ず)異国の人に近付(き)直談すべからず。

一、国禁の書籍は勿論医事に益なき和蘭の翫器(がんき)並に絵図・扁額等好事の為(め)に求め貯(う)べからず。

一、従来名称ある諸物を和蘭詞を以而(て)呼ぶべからず。惣而蘭書に対するの外和蘭詞を言(う)べからず。別而事を秘し人を謗(そし)る等の隠語抔は断而言(う)べからざる事と心得べし。

一、和蘭の薬名並に療用の器名、又は記号・数量等訳名なきは蘭語を用(い)ざる事を得ざれども、認(したたむ)るには必(ず)国字を用(う)べし、蘭字を用(う)べからず。訳名あるものは訳名を用(う)べき事勿論也。

一、医説にもあらざる異国の事を談じ、或は奇異の説を好み、又は奇器を翫(もてあそ)(ぶ)等の人には必(ず)交りを結(ぶ)べからず。

右先人大愚先生遺言の大略也。堅(く)守り決而忽(ゆるがせ)にすべからず。若(し)不心得の者は、師父の恩を忘れ身を慎む事を知(ら)ざるの人にして、吾徒にあらずといふべし。

仍て訓諭如ㇾ件(くだんの)

文政己丑(きちゅう)冬月　究理堂

文政末年が、蘭学を学ぶものにとって窮屈な世の中であったことをしめしている。

門人掟書

門籍に加候人は総而左之五ケ条之掟相守可ㇾ申候。

一、近浅切用之業を軽(ん)じ高遠ニ意を馳せ申間敷候事

一、学規並(びに)戒諭書之条目堅相守可ㇾ申候事

一、伝写を禁じ置候書類は同窓ニ而も他門の人ニ為(せ)ㇾ見申間敷候事

一、嫖妓(ひょうぎ)遊蕩堅相慎可ㇾ申候事

一、博奕は勿論似(により)寄候事ニ而も致申間敷候事

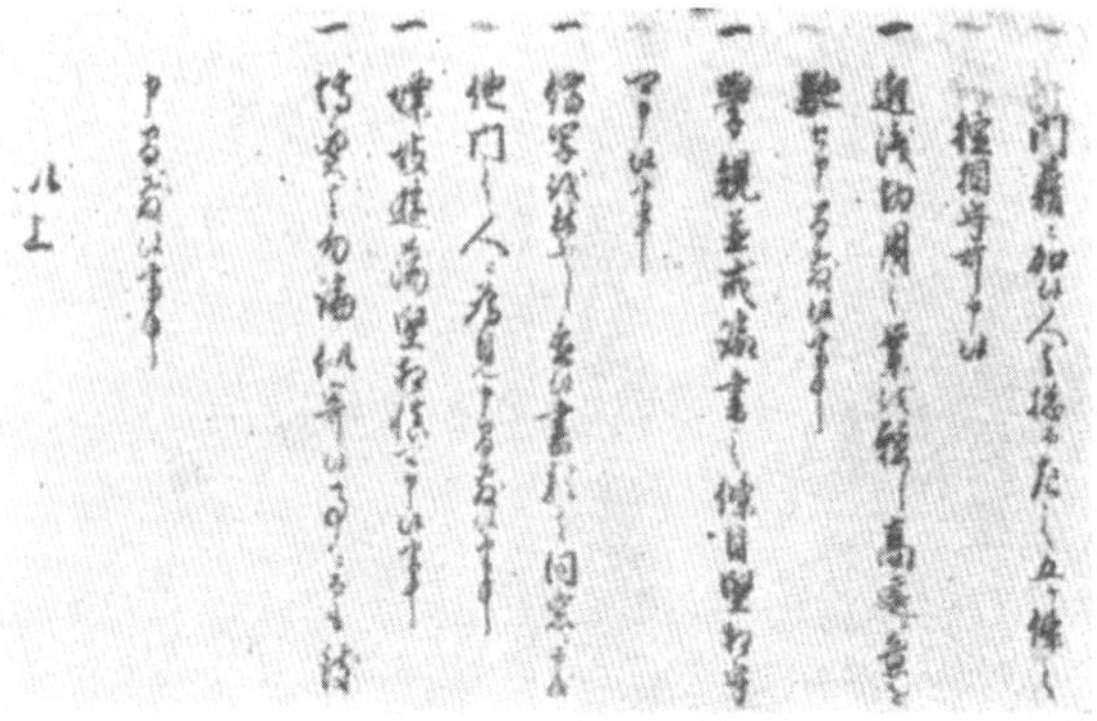

「門人掟書」

塾禁八ケ条

一、他門ぇ出席致間敷候事

一、猥（みだ）りニ他行致間敷候事

一、親類に候共他家ニ一宿致間敷候事

一、三時之食事我儘勝手ニ致間敷候事

一、調合場用向新故之次第を相守日々相勤可レ申候事

一、師家用向之外ニ調合場ぇ立入申間敷候事

一、酒宴ケ間敷義並歌曲高声致間敷候事

一、飯料前広（まえびろ）ニ指出し置可レ申候事

調合場とは、今日の薬局にあたるもので、

最後の「飯料前広」とは、食事代は前納せよとの意である。総じて、かなり細部まで規定されており、元俊以来築いてきた厳格な塾風をよみとることができるであろう。

四　晩年の交遊

寛政十二年（一八〇〇）十二月は、九州平戸の老侯松浦静山が東行の途次大坂に駕を駐めた。静山は皆川淇園の門人でもあったから、元俊とは同門となる。八日・九日には淇園・蒹葭堂も訪れた。静山には『甲子夜話』の著があり、その続篇所収の「寛政紀行」に次のような記事がある。

九日従行の者の行李の為にけふも邸に留る。京の医師小石元春は先生（淇園のこと）の予が同門にして医も達人なれば亦来れりと聞て、きのふ迎へたれど来らでけふ朝早く来れば、病養ふことなど委しく問て又世の雑話に時を移す。

松浦静山

元春来る時予に贈るものに細川三斎公(忠興)和歌二首

物になる人といふを

朝起や身を働かし小食に　忠孝ありて灸をする人

ものにならぬ人といふを

夜遊や朝ね昼ねにゆさんずき　引込思案油断する人

元春(ママ)いふ、まことに此歌を誦して忘るゝことなくんば道にちかゝらむと、医師の言葉なり。

静山侯との関係は、すでに久しいのであるが、この一文は両者の親しさを物語る。なお、右の和歌は『行状』にも元俊がつねに話していたものであると記されている。道歌臭があり、元俊の性格の一端をしめすものといえよう。

清末侯との関係をしめすものに長村内蔵助(次項参照)の元俊の墓碣銘がある。それには「萩侯東覲(参勤交代で江戸に行く意)伏瞻(伏見)を過ぐ。君を駅館に召す、診て曰く、是れ痳疹の余毒なりと、乃ち其方(方処)を呈す」とあり、欄外註に「享和三年癸亥年六十」とある。萩侯とは清末侯のことであろうと考える。

元俊と平戸藩との関係をしめすものに、坂本天山と長村内蔵助がある。まず坂本天山について述べよう。

坂本天山

坂本天山(一七四五〜一八〇三)は信州高遠藩士、荻野流砲術をおさめ、『周発図説』などで著名な砲術家であり、高島秋帆の父なども、天山に学んだ。名は俊豈、字は伯寿、通称は孫八。

両者の出会い

元俊と天山との関係をしめすものは、享和二年十月八日付の天山の元俊あての長文の書翰一通のみであるが、『行状』の「遺事」に、天山のことが述べられている。いわく。元俊の弟子で、丹後田辺藩の奥村道殊の養子東叔が寄宿へ帰ると、二階で唐音で四書五経を読んでいる人があり、これに面会して元俊の弟子であると言えば、彼の人は、それはよい師である、自分もかねて面会したいと思っていたから連れていってほしいというので伴った。これが坂本天山である。元俊も天山の名を聞いていたので喜んでこれを迎え、種々話しがあり、その後もよく訪ね、いたって懇意であった。そのとき年は七十ばかり（これは誤り、天山没時五十九歳）で肥壮長大、冬も足袋を用いず、歯は一本もなかったが、肴は頭より食うた。元俊の推挙で平戸侯に仕えた、と。

　右の記事は年次が明らかでないが、天山は天明七年（一七八七）九月、四十三歳のとき閉門となり、京坂の間に縦遊したのは寛政九年（一七九七）六月が最初である。六月大坂の麻田剛立（著名の天文学者）を訪い、八月入京、九月下旬彦根や国友村を訪い、帰坂後も十月砲術教授のため入京、翌十年一月には一子鉉之助とともに京都見物をしているから（『天山全集』下巻、年譜による）、奥村東叔との奇遇が縁で、かねて名前を聞いていた元俊に会ったのは、寛政九―十年の交であろう。そののち、翌十一年は南紀を廻って帰坂後、再出仕で七月郷里高遠に帰り、十二年九月、再度大坂に出で、十一

長州より長崎へ

天山の書翰

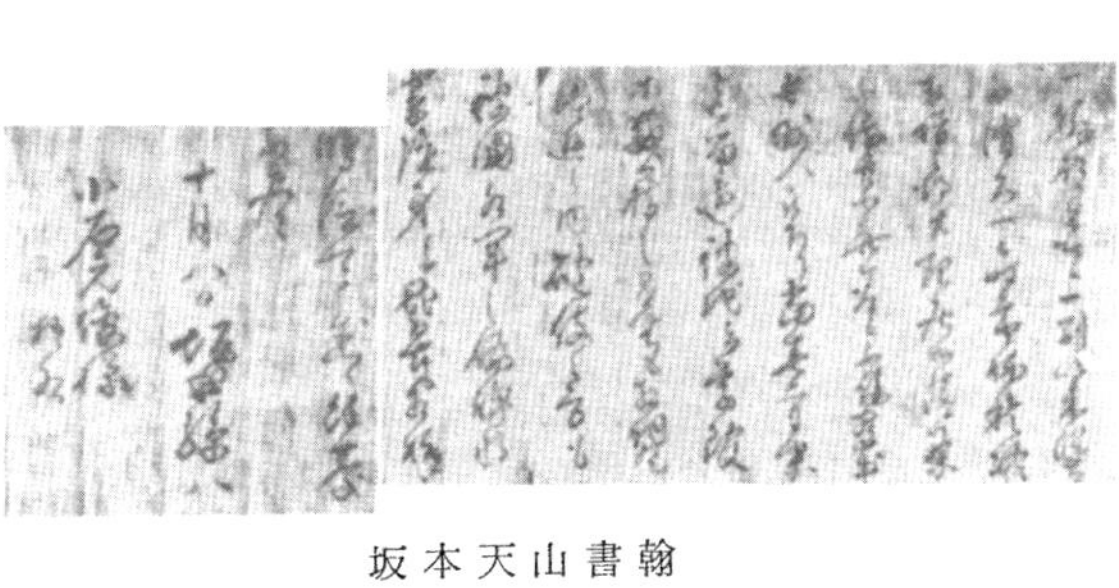

坂本天山書翰

月三田尻着、藩校で易を講じ、翌享和元年三月に三田尻を発し、四月中旬長崎についた。八月長崎を発し、十月四日帰坂し、またすぐにこの月八日に大坂を発したのである。発するにさいし、元俊に送ったのが左記の書翰であり、冒頭の記述より、享和元年のものであることが、明らかである。天山の行動は郷里への書翰でも明らかであるが、全集末収載のものであるから、その大部分を紹介しよう。

一翰啓上仕(り)候。一別以来濶焉、(中略)不佞客歳長州へ罷下り当春二月末迄留連、彼地にて学館等載籍之有無も相伺(い)暫漫遊之内、砲伎之方も彼国水軍之偏裨将輩随身にて稽古も相始メ、大藩

長州で教授

之事故火器も数々有レ之、当秋迄追々ニ漸々(ようよう)被レ行、篤志之者も十余輩出来申候。夫より三月中ハ長崎へ下り、兼而之華言訳家（唐通詞）へ相質(ただし)、商館ニ来候清估(しんこ)（清の商人）之輩にも度々会(あい)、其他奇書も数種手ニ入、日々修業罷在、八月末長崎ヲ一旦辞別豊後佐伯へ相廻り、十月初ニ帰坂、兼而大坂ニ差置候幼子（鉉之助のこと、十一歳）相携（え）直ニ又長崎へ再遊、則今日川口出船申候。京都へ御引取被レ成候由ニ付一両日之逗留にて貴館へ御尋申候而、何角(なにかと)御咄合申度存候へ共、十月四日ニ帰坂、直ニ八日ニ川口ニ乗船致候ニ付、一向無二寸暇一不レ得二趨謁(すうえつ)一、遺憾奉

長崎へ

レ存候。右之通急ギ候訳ニテ長州へ立寄、又々砲伎之稽古一世話致し、直ニ長崎ニ下り、幼子並ニ華言修行為(せ)レ仕(ら)候故之事ニ御座候。長崎ニて阿蘭陀(オランダ)訳官元（本）木荘（庄）左衛門抔も不佞方へ入門漢学ヲ勤申候。蘭語之方ハ殊之外精熟之様子格別成事ニ見受候。不佞蘭学ハ一向不レ染レ指候間、日々会申候得共其学ヲ諮問スル暇無ニ御座一候。令郎（元瑞のこと）抔蘭書之事ニて御尋之事も御座候ハヾ崎陽へ

元瑞の来崎をすすむ

東都の蘭学混沌

一旦御降り訳家へ御諮候ハヾ御得益可レ有レ之哉ト存候。不佞是より罷降り十一月中ニハ長崎へ入来、年中ハ緩々留滞罷在候ニ付、若元瑞君御降りも可レ被レ成候ハヾ彼地にて御嚮導申、何方エも御引合可レ申候。不佞儀ハ宿元徳見茂四郎方ニ罷在候。元木(本)咄之様にてハ蘭学之事ハ東都抔も未(だ)一向ニ混沌タル事にて、四年前同人出府之節見及候様ニてハ今一層開闢不レ致候而ハ不レ足レ論様に申候。如何候哉。崎陽訳家之様子相見受被レ成候ハヾ相分り可レ申候。我所二従事一華言之方は、当春数州之漂流人と通弁之様子迄見及候処、誠ニ通弁如レ流御座候。蘭家之事ハ同様ニは見候得共、我所レ不レ知故難レ言奉レ存候。

平戸侯

○去歳懸二御目一候砲伎之大意、平戸侯藩中へ御咄合御座候哉。来年中ハ崎陽ニ罷在候故平戸侯へハ其近隣之事共、斯伎ニ有志徒有レ之様ニ御座様ハヾ、大兄御転書等ニ而直ニ崎陽へ懸合御座候ハヾ応対可レ致候。決而不佞より有レ需

易を講ず

奇籍あり

事ニ而は無レ之候へ共、客歳御懇切ニ御噂有レ之候事故、不佞右之平戸近隣ニ鄙在(ひざい)候事告知申上候。周州三田尻ニテ南部宗俊ニ会申候。春中数人之覓(もとめ)ニて易(えき)ヲ講候処、同人も出席、才子と相見申候。大兄御噂ヲ毎々申聞候。砲伎之事ハ同所之水軍衆申合相始候処、先頃ハ萩城下よりも段々申込有レ之候いキ。平戸侯御噂も崎陽ニ而追々承触候。嚮学(きょうがく)之唱(え)何方にても厚キ事ニ申候。扨崎陽ニテハ色々奇籍ニ遇申候而日夜不レ知二肉味一修業仕候。不佞留滞中若御詮義之書籍抔有レ之候ハヾ無二御遠慮一御用向可レ被二仰下一候。宿老方ニ居申候事故、除キ物(禁制本?)頼申候事自由ニ出来可レ申候。右ハ客歳御懇切之言ニ感候故、不佞留滞之在所為二御知一申置度如レ斯御座候。御書通被レ下候ハヾ委細方策殿へ申談置可レ申候間、此方迄御出し可レ被レ下候。呉々欠二面別一遺憾不レ少奉レ存候。(下略)

十月八日　坂本孫八

小石元俊様梧右

末文に、追々手紙で近情を知らせる旨を記しているが、現在は、これ一通より残っていない。

右の説明

天山は、京坂地方に出たときには、高遠藩のごとき田舎と異なり、その生活は豊かで、いわゆる〝宮仕へ〟の羈絆（きはん）もなく、修業も自由で、おおいに気に入ったのであるが、長崎へ行くと、大坂以上に学問修業に便宜が多かったので、一一二ヵ月予定の滞在が、ついに八ヵ月におよび、さらに一子鉉之助に幼少より唐音を学ばせた方がよいというので、大坂の親戚にあずけた鉉之助をつれにきたのである。長崎に行ったとき、大村藩の儒者加藤左司馬と親しくなり、加藤は書中にみえる義兄の徳見茂四郎（長崎の宿老、糸割符商人）に託した。

天山は来年中は長崎にいるから、平戸藩に砲術修業の希望があれば、元俊より平戸侯あて転書願いたい。当方より求めるのではないが、先年お噂もあったので

（後述の長村のことなど話したのであろう）好都合だと述べている。

天山は十月八日大坂発、十七日三田尻着、砲術教授に一ヵ月ばかり滞在し、十二月五日に長崎へ着いた。「阪本天山伝」（全集付載）には、ついに平戸藩に聘せられ、享和二年九月（五十八歳、死の五ヵ月前）平戸に着いた、とのみ記されているが、この書翰からみれば、長村内蔵助との関係とも考えあわせ、元俊が、なかに立ったことは、『行状』にいうとおりであろう。天山は、十一月に神崎山で藩老松浦邦助・長村鑑（内蔵助）臨場の下に砲隊の大演習をなすなど、藩の海防に尽すこと多大であった。天山の墓碑は長村が作った。

長村鑑

つぎに長村のことについて述べよう。『行状』では、長村は家老で、当時名高い日本での三内蔵（山陽は三之助と聞いたという）といわれた一人であるといい、大要次のように述べている。

先考棄世（きせい）の前年（つまり文化四年）かと思うが、長村が関東よりの帰途上京し、用

元俊、藩の防衛につき意見

大坂銀主の取扱い

長村、元俊の先見に感服

達一文字屋覚兵衛方に滞留していると知らせて来た。先考は自分（元瑞）に名代として参り、人払いのうえ次のことを伝えよと命じた。「親が病気で代りに来たが、君侯にはかねがね懇命を蒙っているので、医師として差しいでがましいと思われ、軽々に聞捨てられては不本意なことがある。とくと心に留められたい。それは、貴国は異国より侵入容易であり、これが防備はきわめて困難の地形である。これがため坂本天山を推挙したところ用いられたので、火術の儀は安心だが守備法に工夫がなくては火術も役に立たぬ。このことが心配である。今一条は大坂の銀主に対する取扱いが適当でなく、遠からず大切の御用のときに支障を来すから、今度下坂の際十分調査されたい。この二条が気にかかるから、とくとお考え願いたい」と。自分がその通り述べると、長村は半信半疑の態で、一応礼は述べた。翌年上京の際自分を呼びに来て、長村は次のごとく述べた。「先年の御忠告千万忝（かたじけ）なく、かつ先見の明に驚きいった。先年下坂時大坂の銀主にあったところ、大いに支障があり、まず忠告に感服し、実意をもって対談したところ、今回上京までに万事滞りなく取計らった。実は貴下の口上を承って老人の思い過しと考えていたが、その先見に感服、ついで防備も抜け目はないと考えていたが、帰国後なおよく点検してみると、果して不行届のこと多く、心をこめて万事申し付けておいたから、御安心願いたい」と伝えられたいとのことで、先考にそのことを告げると、病が重かったが、喜色面に溢れ、病気のうわ言にも、平戸へ外寇があるから行くのだ、と毎度申された。

と。これは元俊の武芸の心がけを述べた箇所である。長村は名は鑑(かがみ)、靖斎(せいさい)と号し、静山に信頼され、藩政に意を用い、築地を埋立て、藩校維新館のため佐藤一斎を招いて『大学』を講ぜさせ、坂本天山を招いて兵器の改良、沿岸防備の充実に功績多く、また書道・詩歌をよくした。著書に『蒙古寇記』『東西紀行』『春秋名医伝』があり、文政三年（一八二〇）、年五十四歳で没したという（『史都平戸』による）。

小石家には元俊宛の長村の書翰が二通ある。年次不明で、一は十一月四日付、「西帰通坂のさいお願いした暑不傷人論一篇の恵投（けいとう）を謝し、今に披閲しているが句々適当の事あり、慾情さえ防げば天年を終えること疑いない。仲景の傷寒論と命名した意味がよくわかった。灸治は身体に剛直を覚える」と述べ、岡田言也（げんや）の指導を依頼したものである。

いま一通は正月七日付で、新年の賀詞についで、「旧冬通坂の節は屢々拝晤（はいご）を得て大慰渇懐（たいいかっかい）、御恵贈の答客問を再三読み寡君（かくん）へも差出した。これまで世上に流布した鳥銃家の所業よりはその規模余程宏大と思ったが、守城攻伐等の際において促膝（そくしつ）（膝をつきあわせる。親密の意）して大議論をし、三―五十日も問答した上でなくては感服は出来ない。いずれ近日面会の機もあろう。御病気の由平癒を祈る。吉雄伝来のラハールの分量は次の通りである（略す）」とある。とくに後者より、元瑞の記するところを髣髴せしめるものがある。なお元瑞は父の死後長村に墓碑銘を請うた。あまり長文で（一部は既に引用）事実の相違も多く、改作を願ったところ、果さずして死去した（『行状』による）。碑銘は、

軒岐邈矣　不二敢復言一　自二扁倉一後　簡レ編悉レ論　疑穿二万物一　智通二無垠一
非レ務レ立レ異　要レ取レ逢レ原　細大兼挙　華夷並存　湯火醴液　疾疢抜根　終身述作　以貽二後昆一　有レ子善紹　庶慰二幽魂一

とある。いわば、碑銘を託するほどの親交であったのである。

　また播州林田の建部侯に関しても、類似の話がある。『行状』では、やはり文化四年ころ林田侯が大坂御城番のとき病気となったので、元俊は人のとめるのもきかず、自分の病をおして診察したとある。小石家にある「食医経序」（「文化四年冬月　小石道有素題」とある）は、このとき侯に送ったものであろう。ついでこの藩の蔵屋敷の留守居役で、一万石にはすぎた留守居、荻野流の砲術にすぐれた宮本荘

軍船建造

左衛門のことを述べている。元俊がいつも宮本の病気を見ていたのに、ある時宮本は部屋をしめきって数日間籠っている。元俊が行くと、病気は病気だが医者のなおせる病気でないと言う。聞くと、口外ははばかるが、今回主君からロシア船に対する防備につき、小藩といえども武事にはひけをとるなといわれ、軍船がないところから、これを造れといわれた。そこで鳥銃を付けた船にいま少し進退の自由をえた船を打合せたいと工夫しているが、いっこういい智恵が浮ばぬ。貴下を見ると何となくたのもしいので、秘密を口外したが、この病をなおせるかと述べた。元俊は大いに笑って、自分に頼めば日本一の妙船を作って進ぜよう。進退の自由をえた早船の第一は平戸の鯨舟、軍用に最もよいのは三島の軍船だが貴下は知っているか

「食医経序」

と言うと、それは知っているが、こしらえ方がわからぬ。君はなぜそんなことまで知っているのかという。元俊は、水軍の書はこちらで皆伝している。鯨舟は雛形があると、すぐ家にとりにやらせ、舟の作り方から操練の法までくわしく教えた。宮本は大いに喜び、ついに稀有（けう）の好軍船を作って藩公から刀をおくられた。これは同藩の医師斎藤常庵の息大珉（たいみん）が元俊門人となり、宮本から聞いた話として語ってくれた。宮本は「元俊と云人はおそろしき医者哉、治世に死なすは惜き者なり」と言ったと。

元俊と兵学

これはやや大仰（おおぎょう）にきこえるが、小石家には兵書も所蔵され、元俊宛の兵法巻物・秘伝目録・極意目録・伝書があるので（既述）、若干の潤色はあるにしても、事実とみるべきであろう。

大槻民治の来遊

なお、若干の書翰を通じて晩年の交友をみよう。享和元年（一八〇一）には、平泉大槻民治（玄沢の甥）が西遊し、玄沢より依頼状がとどいた。玄沢は無音を謝し、無事を告げ、元俊門人西帰後元俊が礼状を出したのに返書を怠ったことを詫び、ついで、

> 先醒ニも貴恙御全快之状奉二大賀一候。永富氏之義は逐々御聞及之通、終ニ泉路ニ被レ赴候御義、御同斉遺恨不レ少奉レ存候。扨は同姓大槻民治と申者、年来聖堂御学館ニ留塾罷在候。此度暫時之御暇に而西遊仕候。京摂の間にも滞留、諸名家へ謁見相願申候。御尋も可二申上一候。淇園先生始、御知音之方々へ御引合被レ下度候。（下略）

と述べている。

菅茶山

元俊はまた、備後の儒者・詩人菅茶山（一七四八〜一八二七）の弟の病を診た。茶山の弟は元俊に師事し、元俊がその病状を兄茶山に知らせたのに対し、茶山が礼状を寄せている。そのうち弟は「生来癇も有レ之、腹中ハ癥瘕症癖ニ而、時として忽急忽緩、

佐野山陰

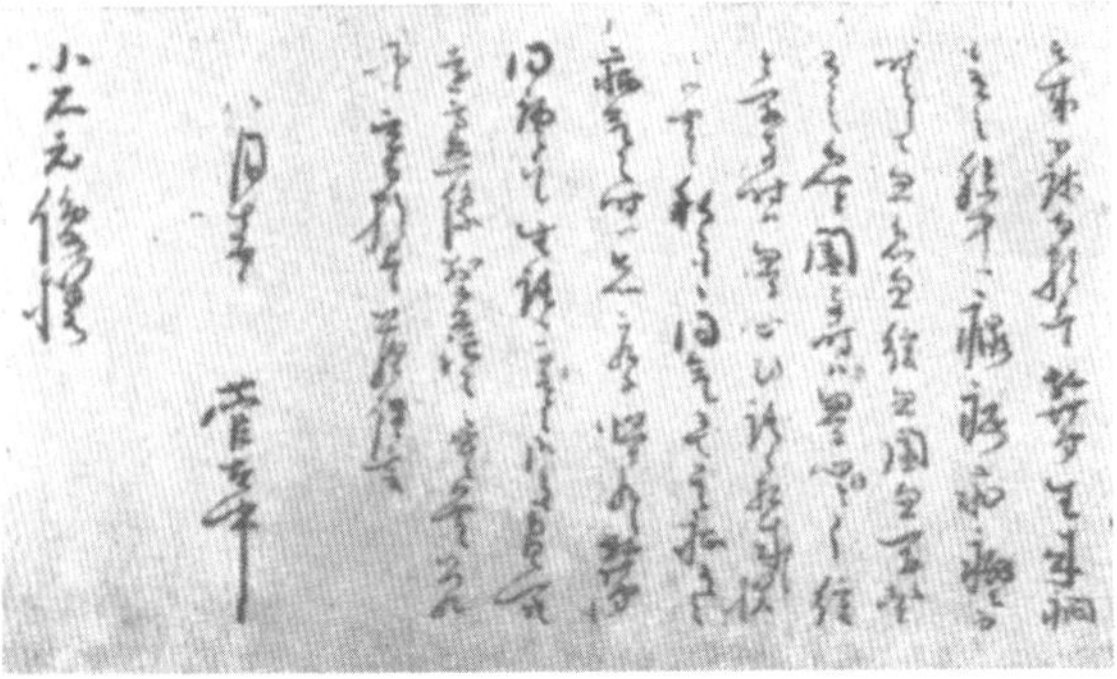

菅茶山書翰

忽闔忽開候こと有レ之、急と闔との時は忽に心ぼそく、緩と開との時は忽に心ひろく」なる。自分も同気で、この症がある。弟は小心だから、然るべく御指導を願いたい、と述べている。

元瑞の儒学の師に佐野山陰がある。山陰はもっとも音韻・物産に精しく、安永年間京都に来って菅原家に入り、聖賢図伝の調査で名声をえた人である。小石家には山陰の書翰が多く、ほとんどが元瑞宛のものであるが、元俊宛のものに「為二時折御尋一見事之御肴一折両種御令息様より御送被レ下、御丁寧之至、不レ堪二感謝一」との礼状がある。

五　晩年と死去

『行状』では寛政十二年中風を発してよりのち、文化五年の死去にいたるまで、著述に専念したが、あまり進捗しなかったという記事のみであり、享和二年、六十歳以降は、あまり大した活動はないようである。いま、若干のものを補ってみたい。

文化元年（一八〇四）三月には、既述のごとく丁野南洋の墓誌を作った。

文化二年には、大槻玄沢が門人日吉三次の帰郷に際し、「究理堂聯」に和したものを託している。そのなかで玄沢は「究理堂聯」を引いて「京師有素、嘗贈レ予以二此四聯一、蓋其宗之本也」と書いている（『磐水漫草』）。またこの年は『ハルマ和解』の著者稲村三伯が海上随鷗と改名し、京都に移住して門弟を育てた。大槻如電翁は稿本『日本洋学史料』に、「此時小石元俊モ亦京都ニ住シ、相共ニ此学ノ盛ニ

海上随鷗
（稲村三伯）

行ハレン事ヲ謀レリ」と述べているが、出典はあげられていない。三伯はその青年時代に京都に医学修業に来ており、元俊東遊時も、面会しているかと思われるが、小石家に三伯の書翰は残っていない（三伯は享和二年隠遁）。箕浦東伯が元俊へ出した書翰（三月二十四日付、元俊の三月十二日付書翰にたいする返信）に、元俊の永富数馬への配慮を謝し、自分も江戸へ来たが、知己もないので金子が生命であると述べ、「乍レ然稲村三伯抔相談仕候処、小生相託（あず）ケ申候処ハ決テ不レ為ニ無用一其利害ハ外ニ宜キ扶（たす）ケモ無レ之事故、右之金ニテ少々母子も相生申候様ナル所ニ相預ケ、一両年手遺（ぬかり）モ無レ之様に可レ仕トテ皆三伯相預申候。三伯曰、事ノ成不成ハ天也、人也、尽也、反也。故無レ拠（よんどころ）遠方之処申上候。（下略）」とある。三伯の一面をしめす資料であろう。

鏡野秋蟾のこと

文化三年には江戸の鏡野秋蟾（しゅうせん）が京都へ紅毛内科翻訳書六部を売りに来た。鏡野秋蟾は稲村三伯の弟で、故あって名をかくしたので、その原（もと）の称を審（つまびらか）にせずとある（三伯隠退の原因となった越後屋三吉であろうか）。秋蟾はその六部の書籍を百金で売るというので、誰もこれに応ずるものはなかった。元俊は、その価を論ぜず、これを購入したという（『漢文行状』）。

この秋蟾については、小石家に二つの資料がある。一は元俊の詩である。

東山の西嶺雪初めて晴る
万戸千門語笑声あり
独り緒鞭（しゃべん）留意の士有り
満堂の諸子皆医名あり
　右和す
秋蟾鏡野君寄せらるるの瑤韻
　　　　小石道拝具

他もまた詩であるが、これは木版に彫ってある。誰が何の目的で彫ったのか不明であるが、左のとおりである。

　連日の彤（とう）雲凍って未だ晴れず
　園林花は無声より発（ひら）く
　誰か能く雪を好んで其の趣を会す
　忘却す英雄蓋世（がいせい）の名
　　再び前韻に賡（こう）して鏡野君に示す
　　　　　　　　　小石碧霞

右の彤は赤い、賡は続ける意である。

この年には、杉田玄白が左の書翰を送っている。玄白ときに七十三歳、三月四日には江戸の大火で、さいわい自宅は火災をまぬがれたが、世上何となく騒々しいころである。

　爾来打絶御安否承知不レ仕候。漸々暖和相成候処、不二相替一御壮健被レ成二御

座㆒珍重奉㆑存候。私儀も無㆑恙罷在候得共、近年格別及㆓衰老㆒択筆も嬾（ものうく）、久々御無音申上、赤面仕候。然者此度御存之石川玄常門人吉田玄庵と申者致㆓上京㆒候付、兼々御高名承及、折節（おりふし）貴家へも罷出、得㆓御教諭㆒申度段相願候。（中略）江戸も近来珍敷火災にて、末世上も騒々敷、拙家抔幸ニ遁候得共、同様事繁（く）、心中不㆑静、先用事而已（のみ）申上候。猶重て可㆓申上㆒候。恐惶謹言。

三月廿日　　杉田玄白　翼（花押）

小石元俊様

尚々申上候、扨々御なつかしく奉㆑存候。何か御咄申上度事も多御座候。天涯相隔、不㆑能㆓其儀㆒残念ニ存候。随分御自重可㆑被㆑成候。増々御大名（たいめい）承及申候事に御座候。くれ〴〵も玄庵事御頼申上候。

玄白はすでに『形影夜話』（享和元年稿、文化七年刊）を書き、社会的・政治的関心を強くもっていた。さらにこの年『野叟（やそう）独語』の筆を起していた。京坂の蘭学者が、ややもすれば学術や医技に専念したのに対し、さすがに江戸在住の蘭学者は時勢を敏感に感得したが、玄白のごときは、そのうちでも政治的関心のつよい方であった。江戸と上方の土地柄が、このような差を生んだとみるべきであろう。

しかし、この書翰には、玄白もようやく老衰し、旧知を懐かしむ情がうかがわれる。『鷧斎日録』は前年の文化二年三月で終っているので、この書翰は玄白の晩年の模様を知る一つの手がかりとなるものである。

文化四年は既記のごとく、長村が来り、建部侯往診のことがあったが、『元衎』はついに完成にいたらず、文化五年四月六日に病勢悪化し、四肢は無力となった。そして秋にいたるも快方にむかわず、秋には、さらに左半身が不随となり、在京の門人三十余人がつぎつぎと治療したが、それも効なく、十二月二十五日、六十六歳を以て没した。諡は「金剛斎恭翁宗良居士」、金剛斎は曇栄の輓偈中の「晏如猶記㆓金剛㆒」からとった。墓は大徳寺孤蓬庵にあり、墓銘は前述のごとく長村

曇栄の弔文

内蔵助が書いた。

曇栄の翌年四月七日付元瑞宛の弔文を左記にかかげておこう。

二白、即時向暑、御節養可レ被レ成候。且不腆(ふてん)二物、御霊机(れいき)ニ御具(え)可レ被レ下候。以上。

尊人御事去春以来御病気之処、以二臘月廿五日一御逝去被レ成候段、不レ堪二驚嘆之至一候。足下御痛傷之程致二恐察一候。乍二延引一御弔問申陳(のべ)度如レ此御座候。不備。

画像と賛

元俊には吉村孝敬の手になる画像がある。頼春水はそれに次のごとく賛をした(口絵参照)。

小石先生像賛

有素於(のける)レ医(に)、人称レ有二学識一。其於二制行一、我欽(す)二其謹篤一。不二巧説一而術大售(うれ)、不二重糈(じゅうしょ)一而貨亦殖(ふゆ)。以二其学一乎(か)、以二其技一乎。我則知二其謹篤一、無レ比三其孚(はぐくむ)二于人一。々慕不レ已(やま)、為レ子為レ孫為二弟子一伝二其学一、而精二其技一自レ非レ孚レ之、有素豈易レ得二其旨一哉。文化十年歳在癸酉十一月　友人頼惟完題

この肖像に、さらに元俊の容貌を似月次郎八の述べるところをもって加えるならば、次のとおりである(『漢文行状』)。

君の容貌は常人と異なっている。円い顔で眉は濃く、大鼻巨口、顋(さい)骨(あごの骨)が耳の後に入り(意味不明)、左眼のめじりに小さなきずがある。眼の様子はそびゆるがごとく、爛(らん)々として人を射、厳然として犯すべからざる色がある。手足は婦女子のごとく、身体は弱くて多病、深考苦思のタイプで、背には十対二十穴の灸痕がある。人に教えて背中にもぐさを点じ、病気がはじめてなおったので、これを他人に試みて著効をあげた。これが「背部十対」のはじめであり、一生灸をすることと無慮三百五十万という、と。

第八　家庭・性行・著書・門人

一　家　庭

家族に厳格

元俊の家庭は継室琴と先妻の子元瑞であった。『行状』に「妻子に恩深けれども、遇する所は至而厳なり」「先妣（せんび）（琴）は常に下婢（かひ）の如くに給仕せられし也」とあり、また、「一言半句褻（な）れたる言を以て犯すべからず」ともあるように、きわめて厳格な家風であった。元瑞はその例として、つぎのような挿話を伝えている。

元俊は老年には毎夜下婢にあんまをさせ、妻に種々と話をさせた。ある時妻に「お前の話は同じことを何遍もいうが、お前でなければ、わが側で話すものもない」と言った。妻は淳朴の人で、他人が来て話したことは、なんの弁（わきま）えもなく話したが、なかに忌むべき話があると、いままで笑っていた元俊は、にわかにきびしく叱責したこともある。妻は不平の顔色もなく、すぐさま話題を転じて歓(かん)を邀(むか)えた。

元瑞にも厳格

元俊はまた、一子元瑞にも厳格であった。第二回の東遊で元瑞を帯同したとき、同道の役人が元瑞にも駕籠(かご)をすすめたが、元俊は許さなかった。帰途藤枝より両足が踝(くるぶし)脚気となり、風雨吹きつのり、藤枝より島田までは河原同様の石原であったから、父の駕籠についてゆくことは、すこぶる苦痛であった。役人が見かねて、駕籠か馬かを申しつけようとしたが、元俊は承引せず、「彼は艱難を知らぬ者で、駕籠でも馬でも乗りたければ乗れると思うから、少しのことを苦しがるのである」と、自分の遊歴時の苦労を話した。元瑞はやや遅れ、仲間(ちゅうげん)の肩にすがりなどして、やっと島田にたどりついた。元瑞は生来虚弱で、この時労症(ろうしょう)の気味であったから、いかにもむごい父親だと思ったが、後年、涙もろくては出来ぬことをした父の真の慈悲に感服した。元瑞はこのため十五の年から七－八年は労症が募り、すこし勉強すれば血を吐き、病身のうちにすごした。ある時さる医者が、これでは二十二－三まで生きることはむつかしいから、すこし遊興を許されては、と述べたことがあったが、元俊は「達者な放蕩者になるよりは、謹慎で死んだ方がよい」と答えた。そして、父の前へよばれて和気が少ないと厳責され、『小学』を百遍読まされ、すこし怠慢の心が出てうまく読めぬと、「それではわけはわかるまい」と叱られたという。また元瑞が幼いころ、他の人が才子であるとほめると、元俊は、はなはだ不機嫌で、「彼は才はありません、しかし識はあります」と述べ、人が「それはどう違うのですか」とたずねると、「才は間口が広く、識は奥行が深いことです」と答えたという。元瑞は幼少時代に、たびたびこのような場合に遭遇したので、世間では才子というが、実才あるものは少なく、それを誡めるために、父がこう言ったのだと理解していた。一子に対して、かく厳格であったから、町内の者などは、元瑞を養子と思ったほどであるという。

小石元瑞肖像

姉

元俊には久米という姉があり、父流浪中に生れたので、はやく養女に出し、のち丹後の栗田(くんだ)の漁師仲右衛門に嫁し、浅右衛門という子があったが、貧窮のくらしをしていたので、元俊は両親への孝養が思うままにならなかった代りにと、手許へよびよせ、数百金を分与したという(母の甥柴原儀平治・久兵衛へも同様の処置をとる)。

元瑞

元俊の長男元瑞は天明四年十一月二十日生れ、号は樫園・蘭斎・秋岩仙史。父業をつぎ、京都の名医として知られるとともに、頼山陽・田能村竹田(ちくでん)・広瀬淡窓

・箕作阮甫・新宮凉庭ら詩人墨客・名医と交わり、風雅の道にも通じた。嘉永二年（一八四九）二月、六十六歳をもって没した。先妻は結婚後一年にして没し、継室糸（のちトノ、また優子、山科栗津十右衛門義女、実は京都西村小兵衛女、安政六年没）との間に四男七女があった。なお側室との間に庶子亮造があり、小関良三の後をついだ。

中蔵

元瑞の次男中蔵は幼名甲子郎、また紹次郎、文化十四年七月出生、名紹、字君厥、号は蘭屋・砿斎・蓬嶼、幕末種痘術の普及に功があった。長兄が早世したため、天保十二年六月家督相続、明治二十七年十二月に没した。正室慧（伏見家の臣並河尚晋の女、明治八年十一月没）との間に五男四女があった。継室尚は本願寺絵所水口土佐の女、明治四十三年没。

第二郎

中蔵の次男第二郎は嘉永三年（一八五〇）に生れた。名は瑜、字は君美、号は潤山。家業をつぎ、明治元年より六年まで長崎医学校に学び、ボードウィン・マンスフェルトに師事した。明治七年（一八七四）新潟病院の当直医、ついで教場長となる。二十歳代で二頭立の馬車に乗っていたといわれる。明治十年より神戸公立病院、さらに岐阜医学校・京都医学校に教鞭をとり、明治十八年以降自宅で開業、明治四十一年二月、五十九歳で没した。室末野（すえの）は兵庫県林田の長井直喬（なおたか）（軍医）の妹で、大正二年（一九一三）没。一男二女があった。

第二郎の長男暢（ちょう）太郎は明治十四年に生れ、父の死後家督相続、家業をつぎ、宇和島病院長もつとめた。昭和十九年（一九四四）没。室寿（ひさ）子は岩橋元柔の女、昭和三十九年没。四男六女がある。当主秀夫氏はその三男、長男巌氏の死去とともに宗家を継ぎ、現に大阪市大名誉教授・医博である。

住所

なお『家系譜』によれば、元俊の住所は、

○天明　三年　京都西洞院出水に卜居。

○〃　六年　東遊後新町二条南山下氏に寓居。

○寛政　二年　大坂駕屋町に移住。

○　〃　八年　京都下立売小川西に住居。
○　〃　十一年　釜座夷川北の居宅購入占居。

とあり、右は大坂より京都へ出て以後のものをしめしている。

二　性行と趣味

元俊は晩年吉村孝敬に画像を依頼、自賛の予定であったが、もはや腕が不自由で認めることができず、文化十年に頼春水が賛したのであるが、元俊自身の草稿は、

余本為二将種一、非三敢住二無為一。無為応二万事一、万事自無為。

であった。自分はもと家老の家柄に生れたのであるという自覚は、いままで述べたところでも明らかなように、その行動にしばしば見られるところである。ついで、自分は敢て無為に住むものではない。無為とはすべてに応ずるものであり、

将種の自覚

すべては無為から生ずるのだという、禅の悟りのような句は、参禅の結果である。禅味のある武士的な風格、それが元俊の行動を一貫しているものとみられよう。

元俊は幼少の頃、かなり苦しい家計のなかで育った。しかもそれに屈せず、誠実をもって応待した。

吝嗇と倹約

貧困は往々人を吝嗇（りんしょく）にする。だから元俊は倹約と吝嗇を峻別（しゅんべつ）した。そして「世の人は貧乏の仕様が下手なり」ともいい、与えるべきものには与えた。長村は、「墓碣銘（ぼげつめい）」に、西国漫遊中、治療によって得た謝金は、路費のみをとってその余は残していったと述べている（既述）。

武士的教養

長村はまた、西遊時について次のごとき逸話を伝えている。さる武士の家へ行ったところ、武器厳列、あたかも敵国に備えているようであった。元俊はこれをみて、「丈夫志を立つる、まさにかくのごとくありたい」と感じ、家に帰ってのちも、医療器具はすべて欠けるところがないようにしたと。ここには「名医は国（こく）

手(しゅ)なり」の自覚がみられ、さらに実際に軍事学を修めるにいたった。宮本荘左衛門が元俊を「治世に死なすは惜き者」と評したのは当然である。そのうえ、儒学、とくに朱子学的教養が加わって、孝養、夫婦の別、子弟・門人にたいする厳格さが導かれる。その反面、禅の修練による磊落(らいらく)・洒脱(しゃだつ)さが加わり、その人物に深さを与えている。

医術

専門の医学はどうであるか。元瑞は、「先考性酒を嗜(たしな)まず、物好と云事なく」といい、医学に専念したことを述べている。この性格は、元瑞よりも斎藤方策にうけつがれている。医術は「勉て実験を事とし」たことは、すでに見たとおりであり、一派に偏することなく、ひろく諸家の方をたずね、診療・講習ともに、きわめて熱心であったが、古人の成規(せいき)・家伝の定法なる死法を守って活変無遏(かっぺんむかつ)を欠くことを賤棄(せんき)した。だから、自分の得たところは自分の修業の結果であるとして、自分の教えたところに拘束されることを、活法を死法となすものとして弟子を戒めた。これは江戸時代後期の学術の新傾向の反映とみなすことができよう。なお、一生仕官しなかったことについて、その理由は明らかでない。医師の生活が安定していたのと、仕官の窮屈さを避けたためであろう。

三　著書と門人

著書については『行状』に左の十二種をのせている。

『元衍略義』五巻、『究理堂医訣』五巻、『有因新語』三巻、『背部十対図説』一巻、『薬厨譜』五巻、『労療口訣』一巻、『㽷（すい）書』一巻、『黴毒握機訣』一巻、『暑不傷人論』一巻、『欝症養生論』一巻、『大病差後養生論』一巻、『妊娠究源』二巻、『傷寒雑病論集撰次標注』十六巻

右は元瑞生存時には残存していたのであろうが、現在小石家にあるのは、『西游再功』『衛生禁方』二巻『衛生禁方続編』『秘中秘録』『衛生堂医訣』

巻之一　『衛生堂診範』『詠草』『妊娠究源』

であり、富士川文庫に『〔疒+水〕書』と『黴毒握機訣』がある。

『黴毒握機訣』は、性病と、それより生ずる病症・薬法を述べたもので、目次は左のとおりである。

名義　因論　弁疑似　交論　淋疾　下疳瘡　便毒　楊毒瘡　骨痛　翻花瘡　会陰懸癰　嚢癰　黴毒似癩風者　黴毒作場　黴毒頭痛　黴毒眼疾　鼻梁崩倒　耳聾　懸癰垂　懸癰　咽喉腫痛　声唖者　瘰癧　走馬牙疳　黴毒頭瘡（以下「黴毒」を―でしめす）　――肺癰　――労　――偏枯　――水腫　――気疾　――発狂　――喘哮　――腸癰　――〔疒+感〕癖　――癲癇　用薬総論

『〔疒+水〕書』も写本が富士川文庫にあり、目次は「実腫」の項に治実腫大法―気分腫以下二十四症、「虚腫」の項に治虚腫大法―敦阜腫以下十二症があげられ、治〔疒+水〕撮要（附録、蘭斎）が加えられている。「大愚小石元俊著　男竜元瑞校并補註」とあり、本文の次に「竜曰」として元瑞の註がある。この写本は、巻末に「桐州蒲長井邨　中原米斎蔵」とある。

門人

門人は、とくに門人帳を作らなかったので、のち元瑞が見聞の範囲で作製したものがある。『行状』で元瑞は、門人中名を成した人も多いが早世の人多く、元俊没後人に知られた人として、周防の南部伯民・斎藤方策、長門の李家(りのいえ)庸軒・飯田玄沖、加賀の簗田(やなだ)養元、能登の横川沖蔵をあげ、講席に列(つらな)ったものに小林順堂・豊岡玄純をあげている。そのうちもっとも名を知られたものは斎藤方策であり、防長の四人は田中助一医博著『防長医学史』に略伝がある。

第九　むすび　——小石蘭学の地位——

京都と江戸の交会点

小石蘭医学の地位を、わが医学史上いかに位置づけるべきであろうか。医学史の知識に乏しい筆者が、このようなことを考えるのは、きわめて無謀な独断ではあろうが、わたしなりに次のように考えたい。第一に、それは江戸時代中期以降親試実験の学風のなかから育った、ということは、歴史の大きな流れとして否定できないことであろう。第二には、伝統ある京都医学界の変容＝宋元医学→古医方→漢蘭折衷と、江戸に勃興した蘭学との交会点に、元俊という人物が立っているということである。そして第三に、小石蘭学を成立せしめた個人的体験である。これは第一と第二とも密接な関連をもつことはいうまでもないが、とりわけ解剖によって得た知見が、伝統の力で正しい発展を阻(はば)まれ、新方向への発展を欝圧されているとき（このような状態のもとに生まれたのが『元衍』であると考える）、それに促進の曙光を与えたのが、江戸の蘭学——移植の蘭学であった。その結果成立したのが、小石蘭学にほかならない。

京都医学界と元俊

京都の多数医家のなかにあって、元俊をしてそのようなかがやかしい地位をえさせたものは、おそらく、自分は将種であるという自覚、経世済民を第一とすべき武士＝指導者階級の理念の純粋な保持と、すぐれた三人の師の啓発に負うところが多かったであろう。それとともに、小石蘭学を、たとえ江戸蘭学の一分枝であっても、京都において、確固たる一大中心として成立せしめえなかったことの理由は、前項に述べた新傾向と伝統の重圧とのジレンマ（『元衍』への愛惜が端的にこのことを物語る）ではなかろうか。もとより、その背景には、江戸中期以降における文化中心の東漸（とうぜん）とか、元俊が官医でなかったことが、事大的な封建社会における名声ないし宣伝性の稀薄さを結果することも当然であるが、小石蘭学が京都蘭学の大宗として、蘭方に志すものをほとんど傘下に集めえず、元俊の晩年に京都に移住した海上随鷗（稲村三伯）のもとに多くの俊秀が集まったこと、新宮凉庭が長崎に直行したこと、かくて化政度の京都蘭学界が小石・海上・新宮系の三系にわかれたことが、これを証している。

小石蘭学の性格

つぎに小石蘭学そのものの性格であるが、鎖国・封建社会という制約のゆえに、それがただちにオランダ流医学の方向に大きく進展しなかったことは、わが国蘭学一般にいえることであっても、小石蘭学の場合は、よりそれが稀薄であり、いわば漢蘭折衷と称した方がより適切であろう。その実態は、すでに本文で述べたとおりであり、その原因は、前項に述べたところともっとも密接に関係し、さらに元俊がオランダ語を読めなかったこととも大きな関係がある（元瑞の場合も同様のことがいえる）。そこに藤林普山・小森桃塢・新宮凉庭らとは、やや異なった面をもっていたと思われる。上田元長をして「元俊は解体者なり」と嘆賞せしめた技術に、さらにオランダの新知識をただちに応用しうる語学力があったならば、おそらく小石学派は京都において巍然たる地位をしめえたろうと想像するのは、失当であろうか。

功績

しかしながら、京都ないしは元俊がもった悪条件にもかかわらず、経世済民の志と、もゆるがごとき実証精神を発揮して、山脇東洋によって先鞭をつけられた解屍を積極的に実行し、東洋の精神を、さらに夭折によって挫折した師独嘯庵の精神を、実際面で発展させ、保守的な京都において蘭方を首唱したその功績は、没することはできない。

京都医学の地位

いっぱんに、蘭学といえば江戸や長崎が挙げられる。しかしながら、旧派医学の行詰りを打開するために懸命の模索をつづけたのが、東洋に象徴される京都の医学である。それが、東洋の弟子小杉玄適を介して杉田玄白を刺激したのである。京都の蘭学が、より多く実技に基礎をおいたとするならば、江戸の蘭学の勃興は、より多く学術面から開拓された。こうした点から、わたしは京都の地位を再認識しなければならないと思うし、東洋の方向を正しく継承発展したのは、東洋の子孫であるよりは、むしろ小石元俊であったと認めたい（同様の理由によって、萩の栗山孝庵の事業も、田中医博によってかなり再認識されているが、もっと高い評価が与えられて然るべきである）。

元俊は、自らの思想を表明すべきものをあまり残していない。とくに『元衍』の焼失は遺憾である。したがって、本書においては元俊の交渉をもった人びとの資料を主として元俊の伝記を叙述したのであるが、それによっても、当時における元俊の地位がいかに偉大であったかの一端は、理解していただけるかと思う。

略系図

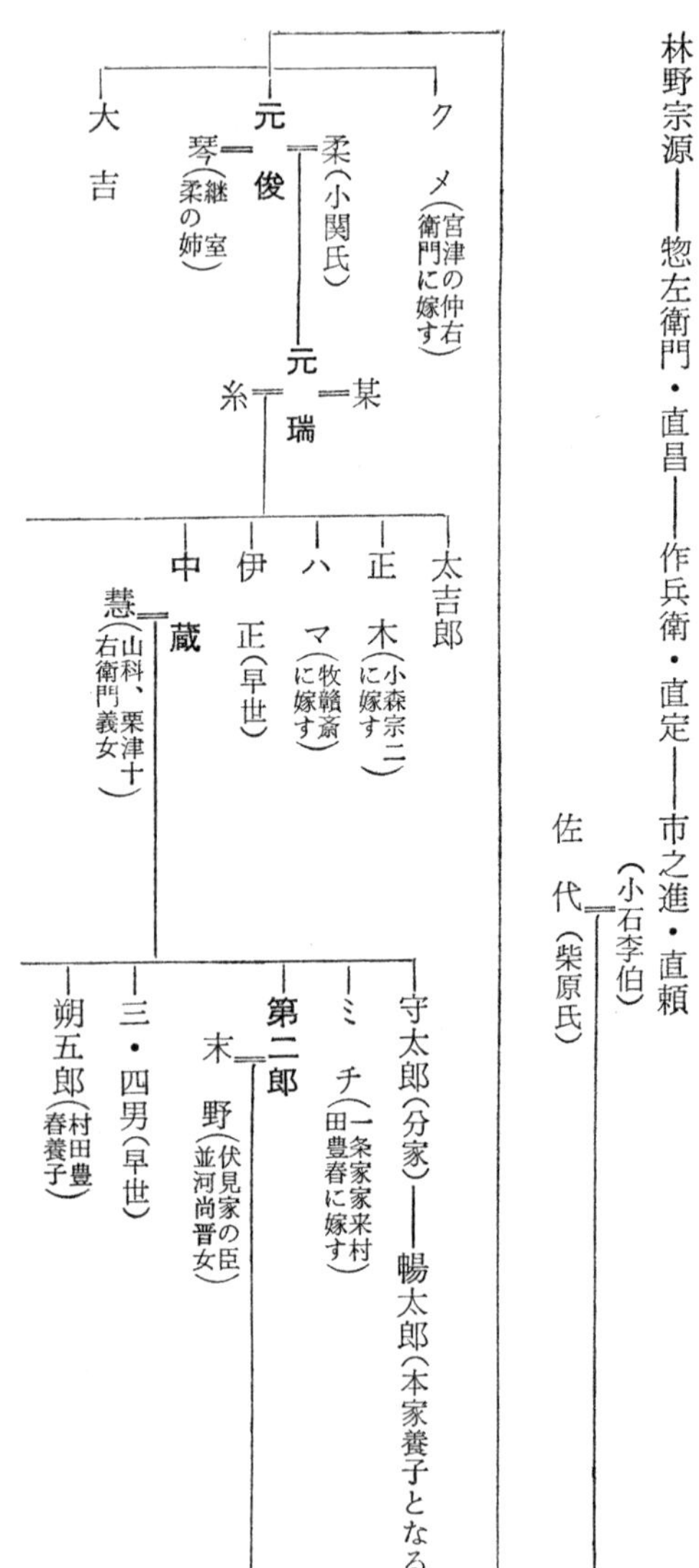

林野宗源
惣左衛門・直昌
作兵衛・直定
市之進・直頼（小石李伯）
佐代（柴原氏）
クメ（宮津の仲右衛門に嫁す）
元俊
柔（小関氏）
琴（柔の姉継室）
大吉
元瑞
某
糸
太吉郎
正木（小森宗二に嫁す）
ハマ（牧贛斎に嫁す）
伊正（早世）
中蔵
慧（山科、栗津十右衛門義女）
守太郎（分家）
暢太郎（本家養子となる）
ミチ（一条家家来村田豊春に嫁す）
第二郎
末野（伏見家の臣並河尚晋女）
三・四男（早世）
朔五郎（村田豊春養子）

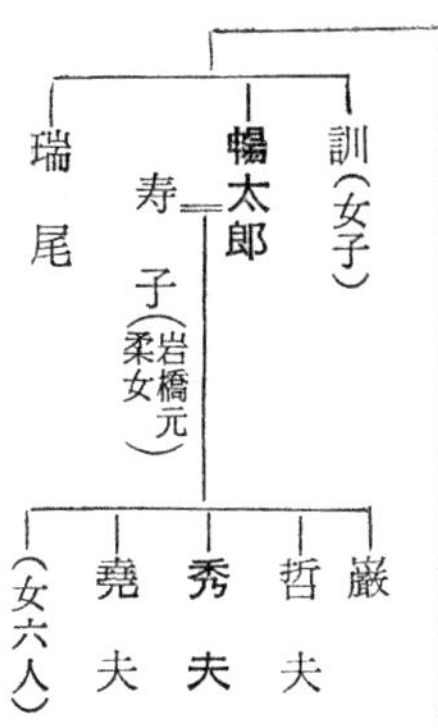
訓（女子）
暢太郎
寿子（岩橋元柔女）
瑞尾
巌
哲夫
秀夫
堯夫
（女六人）

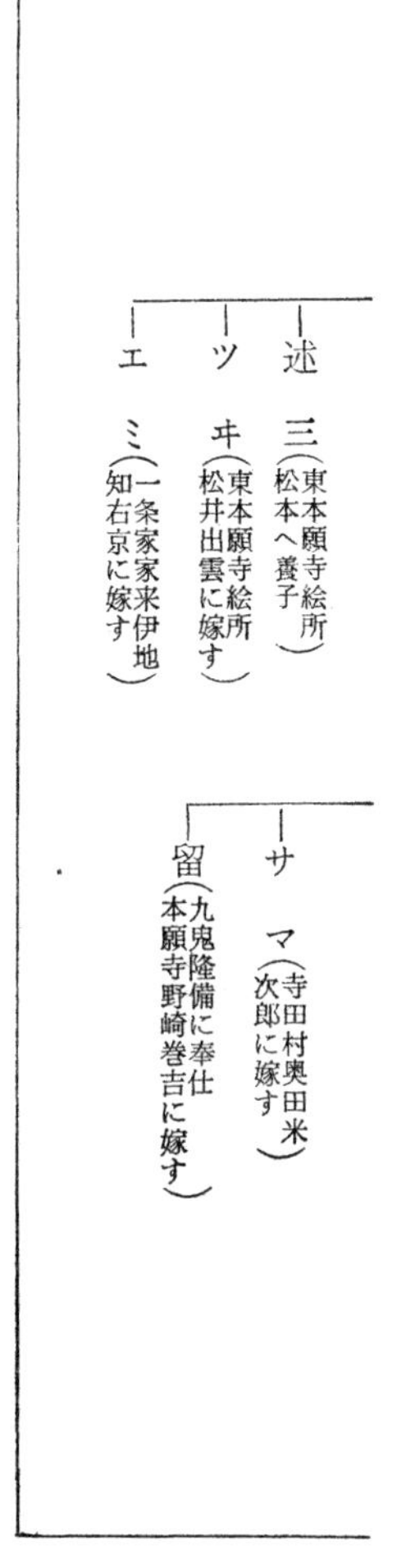
述三（東本願寺絵所松本へ養子）
ツヰ（東本願寺絵所松井出雲に嫁す）
エミ（一条家家来伊地知右京に嫁す）
サマ（寺田村奥田米次郎に嫁す）
留（九鬼隆備に奉仕本願寺野崎巻吉に嫁す）

略年譜

年次		西暦	年齢	事蹟	参考事項
寛保	三	一七四三	一	九月一六日、山城桂村に生れる。父林野市之進（小石李伯と改める）、母さよ	八月二五日、亀井南冥生れる○木村蒹葭堂八歳
延享	一	一七四四	二		吉宗、天文台設置○永富独嘯庵（一三）、萩遊学
	二	一七四五	三		蘭通詞に蘭書閲読許可
寛延	一	一七四八	六		独嘯庵上洛○曇栄生れる
	三	一七五〇	八	父、一家を率い大坂京町堀千秋橋辺に移住	翌年、独嘯庵、山脇東洋に入門
宝暦	二	一七五二	一〇	淡輪元潜に入門、元俊の名をうける	
	三	一七五三	一一		橘南谿（宮川春暉）生れる○独嘯庵、越前奥村良筑に学ぶ
	四	一七五四	一二		閏二月七日、山脇東洋解屍
	七	一七五七	一五		大槻玄沢・永富数馬生れる
	九	一七五九	一七	父、中風を病む	『蔵志』刊○南冥、長崎遊学
	一二	一七六二	二〇	このころ独嘯庵に師事、この前後慈雲に参禅	八月三日、山脇東洋没（五八）

年号	年	西暦	年齢	事蹟	参考事項
	一三	一七六三	二一		橋本宗吉生れる○独嘯庵、浪華寓居
明和	一	一七六四	二二	独嘯庵より有素の字をうける○八月一六日、父没	南冥、福岡移住
	二	一七六五	二三	このころ西国漫遊に出発	柴野栗山(三〇)、京住(〜明和四)
	三	一七六六	二四		三月五日、独嘯庵没(三五)
	四	一七六七	二五		小田亨叔、毛利藩に仕える
	五	一七六八	二六	一二月兵法の極意目録を与えられる	
	六	一七六九	二七	前年またはこの年、西国漫遊より帰る。『西游再功』の著あり。大坂開業	田沼意次、老中格となる○前野良沢、青木昆陽に師事
	七	一七七〇	二八		荻野元凱・河口信任解屍
安永	一	一七七二	三〇		河口信任『解屍篇』
	二	一七七三	三一		『解体約図』刊
	三	一七七四	三二		八月、『解体新書』刊
	五	一七七六	三四	七月二三日、母没(五七)	山脇東門三度び解剖
	六	一七七七	三五	亀井南冥、上国に遊び元俊訪問、南冥が『元衍』の文が拙いと評したので、元俊は家を撤し、頼春水宅に寄寓、ついで京都移住、一一月一一日、皆川淇園に入門○一一月、独嘯庵の墓碑建造	三月、大槻玄沢(一八)、杉田玄白に師事○桂川甫周、将軍侍医となる○辻蘭室、従六位上信濃介となる
	七	一七七八	三六		南冥、町医より抜擢
	八	一七七九	三七		岩城清五郎(三二)、淇園入門

安永九	一七八〇	三八	この年まで足袋を用いず	南冥父没○柴野栗山京住
天明一	一七八一	三九		玄沢、『蘭学楷梯』起稿
二	一七八二	四〇		山脇東門没(四七)○小田亨叔(三六)長崎遊学
三	一七八三	四一	六月二五日、橘南谿らと伏見で刑屍解剖、『平次郎臓図』を作る○西洞院出水移住○六月、結婚	三〜一一月、稲村三伯(二五)、医学修業で在京
四	一七八四	四二	一一月、長男竜(元瑞)生れる	二月、南冥、甘棠館祭酒
五	一七八五	四三	杉田玄白(五三)入洛、元俊これを訪い質問○一〇月、大槻玄沢長崎遊学の途次元俊を訪う	二月、三伯、再度上京(〜翌年六月)○蒹葭堂、小野蘭山に入門
六	一七八六	四四	一月二日、妻没○四月二二日ころ、玄沢、長崎よりの帰途元俊を訪う○九月、門人真狩元策を随え東遊、江戸では大槻玄沢邸に寓居○一一月、『六物新志』跋成る	六月、中川淳庵没(四八)○玄沢、芝蘭堂をおこす○一一月、『六物新誌』刻成る
七	一七八七	四五	在江戸○一月一二日・三月八日、玄白訪問○三月一六日、玄白の養子伯元を伴い帰京の途につく。途中大井川川止めで八日間滞留○四月六日、帰京。帰京後大坂道修町に寓居	新宮凉庭、丹後由良に生れる○柴野栗山、幕儒の内命をうける○蒹葭堂伊賀・伊勢長島に赴く(二月〜三月)
八	一七八八	四六	一月、能州岩城清五郎往診○一月三一日、京都大火で家屋焼失、『元衍』も焼失。大坂籠屋町に移り、京	一月、柴野栗山、京都発江戸へ○大槻玄沢、四月侍医、八月、三十間堀

寛政一	一七八九	四七	町堀坂本町で開業、堂を衛生堂と称した 周防の斎藤方策(一九)、大坂に出、元俊に師事	四丁目に移住 一二月、蒹葭堂、酒造過量で処罰
二	一七九〇	四八	一月、亡妻の姉琴と結婚○間重富と協議、傘匠橋本宗吉を玄沢門に入れる(一説前年)○七月、平戸侯往診。九月帰坂	一〇月、蒹葭堂、伊勢長島の川尻村に転居
三	一七九一	四九		亀井昭陽東遊
四	一七九二	五〇	元瑞(九)、篠崎三島に入門○この前後、片山北海・岳玉淵・中井竹山らと交流	ラクスマン来航○亀井南冥、廃黜の厄に遭う○稲村三伯、玄沢に入門○
五	一七九三	五一	岸和田藩主岡部侯の父の病を診る	五月、小田亨叔、都講兼医員となる 宇田川槐園『西説内科撰要』刊○蒹葭堂、大坂移住
六	一七九四	五二	病気療養のため城崎湯治	閏一一月、オランダ正月
七	一七九五	五三		辻蘭室『蘭語八箋』起稿
八	一七九六	五四	九月、京都移住、釜座竹屋町に隠居し著述に専念。大坂は斎藤方策に委ねる。	宮川春暉『傷寒外伝』・稲村三伯『波留麻和解』刊
九	一七九七	五五	希望により五丁四方を限り治療	一二月八日、宇田川槐園没(四三)
一〇	一七九八	五六	二月一三日、三雲環善らの施薬院の解屍に都督となる○三月、独嘯庵三三回忌法要(大坂城南蔵鷺庵)○『施薬院解男体臓図』成り、元俊序文を作る	二月、甘棠館火災○亀井昭陽、儒官罷免○星野良悦、木骨を携え東下

年号	西暦	年齢	事項	関連事項
寛政一一	一七九九	五七	一月、星野良悦帰途元俊訪問。元俊「賛身幹儀後贈星野良悦」を作る○四月、田辺侯の召で田辺に往診○八月、田辺侯(在江戸)再度元俊の治を求め、元俊東下。元瑞を伴い玄沢に入門せしめる○この年帰京○このころ、橋本宗吉にパルヘイン解剖書を翻訳せしめる○この年、釜座通夷川北に居宅購入か	小森桃塢(一八)、上京○一〇月、柚木太淳『解体瑣言』刊○小野蘭山(七一)、江戸行○麻田剛立没(六六)○年末ころ、斎藤方策、芝蘭堂入門
一二	一八〇〇	五八	四月、田辺侯の召で三度び東下。閏四月、江戸発。五月帰郷。斎藤方策、在江戸間その留守宅で代診○一一月、中風を患う○一二月一〇日、東下の松浦静山侯と大坂で面会○元瑞(一七)、皆川淇園に入門	吉雄元吉、京都に蓼莪堂を開く
享和一	一八〇一	五九	三月、小康を得、釜屋夷川の家に移る○城崎湯治○究理堂を起す○大槻民治・平泉来訪○一〇月八日付坂本天山来翰	一月一五日、小田亨叔没(五五)○永富亀山没(四五)○頼山陽、京坂縦遊
二	一八〇二	六〇	『三方法典』の序文を作る	一月、蒹葭堂没(六七)
三	一八〇三	六一	元瑞(二〇)、慈雲に参禅○五月清末侯参勤交代の途次伏見に元俊を召す	前野良沢没(八一)
文化一	一八〇四	六二	三月、丁野南洋の墓誌をつくる	
二	一八〇五	六三		橋本宗吉『三方法典』成る○稲村三伯京住、海上随鷗と変名

三	一八〇六	六四		田能村竹田(三〇)出京
四	一八〇七	六五	病をおして建部侯往診。このころ、長村内蔵助来訪。元瑞を派し、防衛・経済につき忠告	柴野栗山没(七二)・皆川淇園没(七四)
五	一八〇八	六六	○三月、病勢悪化○九月左半身も不随となる○一二月二五日没、大徳寺孤蓬庵に葬る	

参考文献

杉田玄白述『蘭学事始』 弘化二年

角田九華著『続近世叢語』 明治一七年

今村亮著『洋方医伝』 〃一九年

松尾耕三著『近世名医伝』 明治三七年（決定版＝昭和二三年） 真理社

富士川游著『日本医学史』 昭和六年

竹岡友三著『医家人名辞典』 昭和三〇年〜三二年 学術振興会

日本学士院編『明治前日本医学史』(1)(2)(3)(5) 〃三五年 至文堂

沼田次郎著『洋学伝来の歴史』（『日本歴史新書』） 〃 〃 中央公論社

小川鼎三著『日本の医学』（『中公新書』） 〃 〃 至文堂

石原明著『日本医学史』（『日本歴史新書』） 〃三二年 独嘯庵顕彰会

木山芳朋著『独嘯庵』

呉秀三「小石元俊先生」（『中外医事新報』三一三号）明治二六年

呉　富士川「小石大愚先生行状（米寅撰）」（『医史料』一・二号）　明治二八年

滝浦文弥「杉田玄白と小石元俊」（『医譚』一一号）　昭和一六年

羽倉敬尚「蘭医小石家三代の行状」（『文化史学』九〜一一号）　〃三〇年

山本四郎「草創期の京都の蘭学について」（『史林』一九五六年）　〃三一年

山本四郎「小石元俊伝研究」（『医譚』復刊一六・一七・一八・二〇）　〃三二年〜三四年

山本四郎「小石元俊略伝」（『医譚』特集百五十年忌記念）　〃三三年

著者略歴

大正九年生れ
昭和二十四年京都大学文学部史学科卒業
奈良大学教授、京都女子大学教授等を経て
現在　神戸女子大学文学部教授、文学博士

主要著書
新宮凉庭伝　大正政変の基礎的研究　初期政友会の研究　日本政党史　山本内閣の基礎的研究　原敬関係文書〈編〉　寺内内閣関係史料

人物叢書　新装版

小石元俊

昭和四十二年七月二十五日　第一版第一刷発行
平成　元　年　七　月　一　日　新装版第一刷発行

著　者　山本四郎（やまもとしろう）
編集者　日本歴史学会
代表者　児玉幸多
発行者　吉川圭三
発行所　株式会社 吉川弘文館
東京都文京区本郷七丁目二番八号
郵便番号一一三
電話〇三―八一三―九一五一〈代表〉
振替口座東京〇―二四四
印刷＝平文社　製本＝ナショナル製本

『人物叢書』(新装版)刊行のことば

人物叢書は、個人が埋没された歴史書が盛行した時代に、「歴史を動かすものは人間である。個人の伝記が明らかにされないで、歴史の叙述は完全であり得ない」という信念のもとに、専門学者に執筆を依頼し、日本歴史学会が編集し、吉川弘文館が刊行した一大伝記集である。

幸いに読書界の支持を得て、百冊刊行の折には菊池寛賞を授けられる栄誉に浴した。

しかし発行以来すでに四半世紀を経過し、長期品切れ本が増加し、読書界の要望にそい得ない状態にもなったので、この際既刊本の体裁を一新して再編成し、定期的に配本できるような方策をとることにした。既刊本は一八四冊であるが、まだ未刊である重要人物の伝記についても鋭意刊行を進める方針であり、その体裁も新形式をとることとした。

こうして刊行当初の精神に思いを致し、人物叢書を蘇らせようとするのが、今回の企図である。大方のご支援を得ることができれば幸せである。

昭和六十年五月

日本歴史学会

代表者 坂本太郎

〈オンデマンド版〉
小石元俊

人物叢書　新装版

2021年（令和3）10月1日　発行

著　者　山本四郎

編集者　日本歴史学会
代表者　藤田　覚

発行者　吉川道郎

発行所　株式会社　吉川弘文館
〒113-0033　東京都文京区本郷7丁目2番8号
TEL　03-3813-9151〈代表〉
URL　http://www.yoshikawa-k.co.jp/

印刷・製本　大日本印刷株式会社

山本四郎（1920～）

ISBN978-4-642-75165-0